Viel Laufen

Lernen Klasse 4 | Fraktionen

ActivityCrusades

Veröffentlicht von Speedy Publishing Canada Limited

ActivityCrusades
activity books

FRAKTIONEN

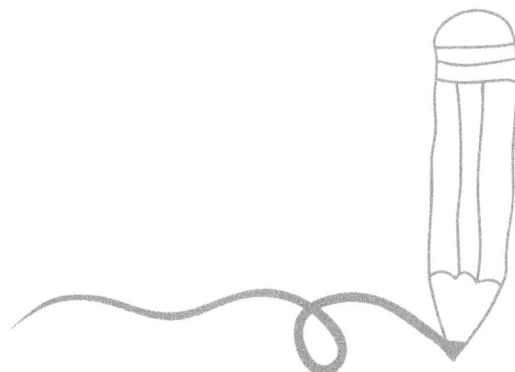

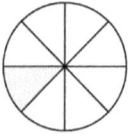

Schreiben Sie die schattierte Menge als Bruchteil des gesamten Betrages. Der erste ist für dich erledigt.

1)

2)

3)

4)

5)

6)

7)

8)

9)

10)

11)

12)

13)

14)

15)

16)

17)

18)

1. $\frac{1}{8}$

2. _____

3. _____

4. _____

5. _____

6. _____

7. _____

8. _____

9. _____

10. _____

11. _____

12. _____

13. _____

14. _____

15. _____

16. _____

17. _____

18. _____

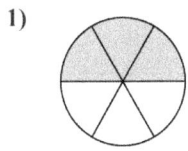

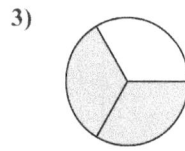

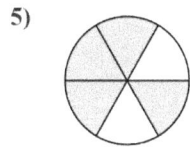

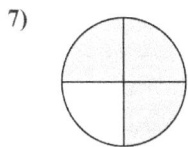

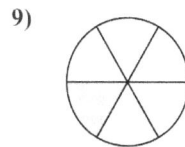

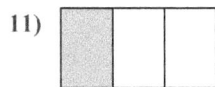

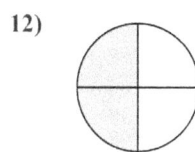

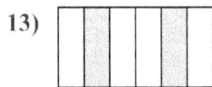

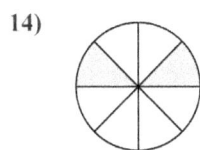

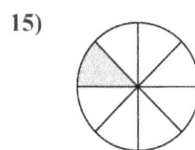

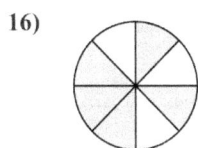

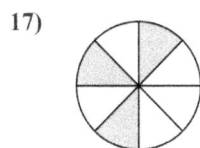

1)

2)

3)

4)

5)

6)

7)

8)

9)

10)

11)

12)

13)

14)

15)

16)

17)

18)

1. _____

2. _____

3. _____

4. _____

5. _____

6. _____

7. _____

8. _____

9. _____

10. _____

11. _____

12. _____

13. _____

14. _____

15. _____

16. _____

17. _____

18. _____

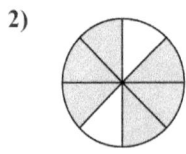

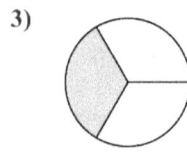

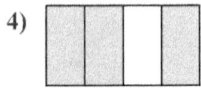

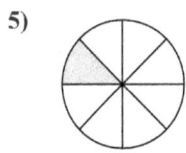

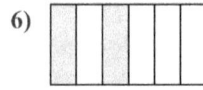

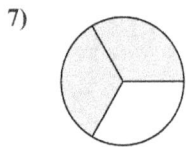

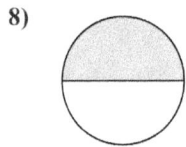

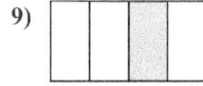

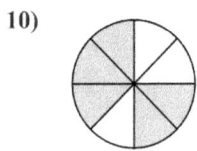

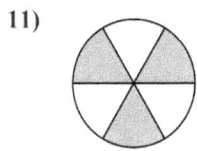

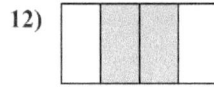

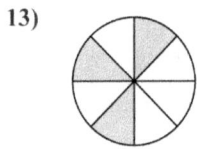

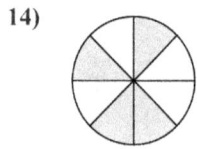

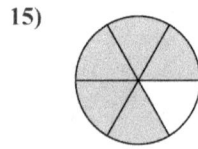

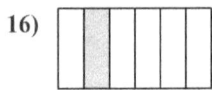

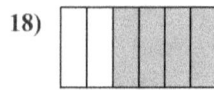

3

1) 2) 3)

4) 5) 6)

7) 8) 9)

10) 11) 12)

13) 14) 15)

16) 17) 18)

1. _____

2. _____

3. _____

4. _____

5. _____

6. _____

7. _____

8. _____

9. _____

10. _____

11. _____

12. _____

13. _____

14. _____

15. _____

16. _____

17. _____

18. _____

1)   2)   3)

4)   5)   6)

7)   8)   9)

10)   11)   12)

13)   14)   15)

16)   17)   18)

4

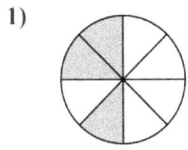

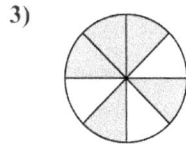

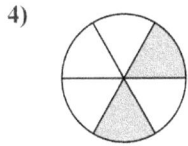

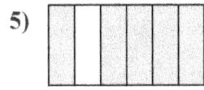

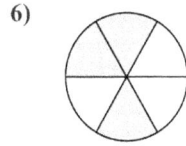

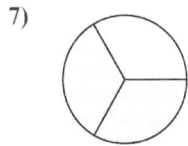

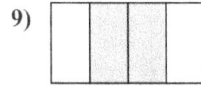

1. _____
2. _____
3. _____
4. _____
5. _____
6. _____
7. _____
8. _____
9. _____
10. _____
11. _____
12. _____
13. _____
14. _____
15. _____
16. _____
17. _____
18. _____

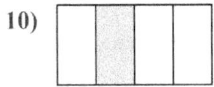

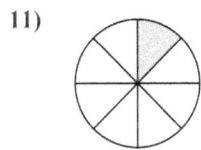

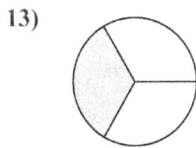

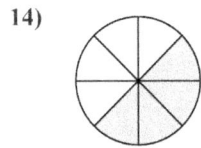

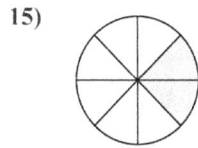

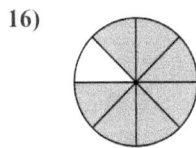

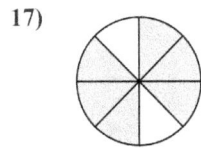

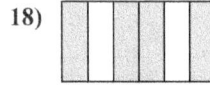

5

1)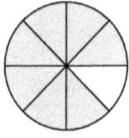

2)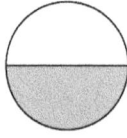

3)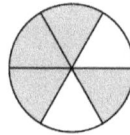

4)

5)

6)

7)

8)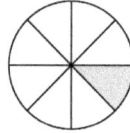

9)

10)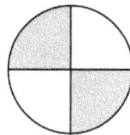

11)

12)

13)

14)

15)

16)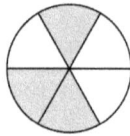

17)

18)

1. _____
2. _____
3. _____
4. _____
5. _____
6. _____
7. _____
8. _____
9. _____
10. _____
11. _____
12. _____
13. _____
14. _____
15. _____
16. _____
17. _____
18. _____

6

1)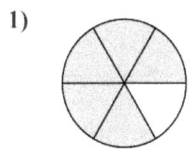

2)

3)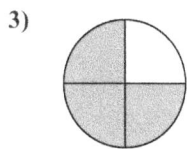

4)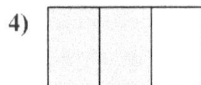

5)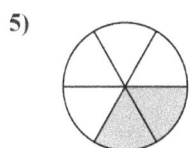

6)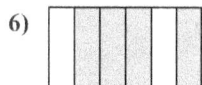

7)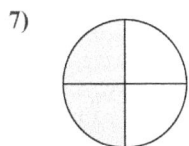

8)

9)

10)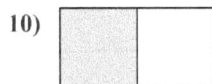

11)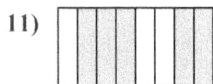

12)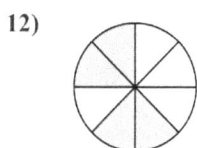

13)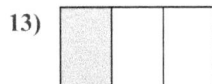

14)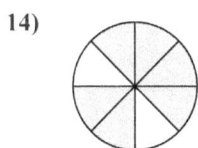

15)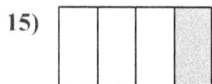

16)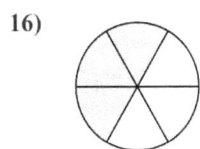

17)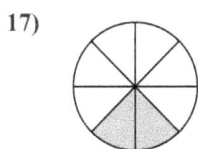

18)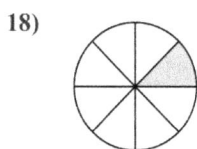

1. _____
2. _____
3. _____
4. _____
5. _____
6. _____
7. _____
8. _____
9. _____
10. _____
11. _____
12. _____
13. _____
14. _____
15. _____
16. _____
17. _____
18. _____

7

1)

2)

3)

4)

5)

6)

7)

8)

9)

10)

11)

12)

13)

14)

15)

16)

17)

18)

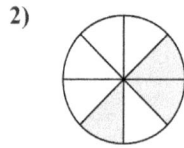

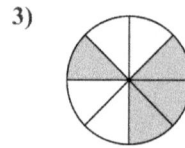

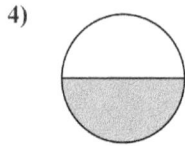

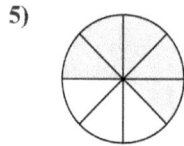

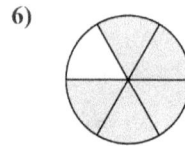

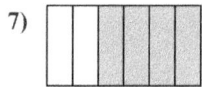

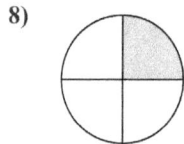

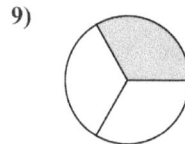

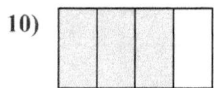

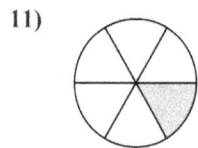

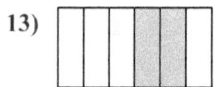

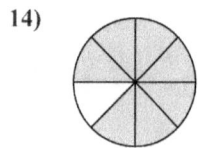

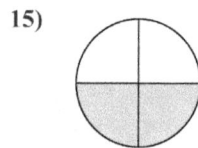

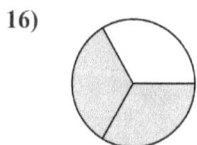

1. _____
2. _____
3. _____
4. _____
5. _____
6. _____
7. _____
8. _____
9. _____
10. _____
11. _____
12. _____
13. _____
14. _____
15. _____
16. _____
17. _____
18. _____

1)   2)   3)

4)   5)   6)

7)   8)   9)

10)   11)   12)

13)   14)   15)

16)   17)   18)

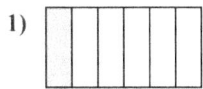

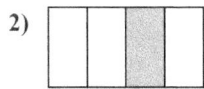

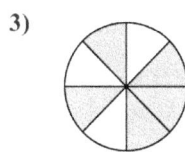

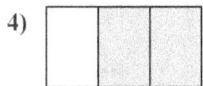

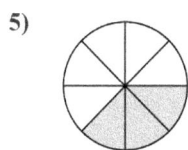

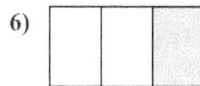

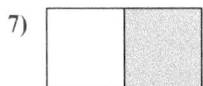

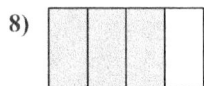

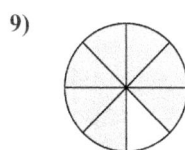

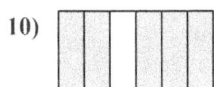

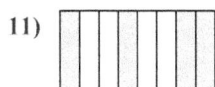

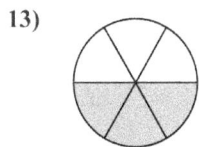

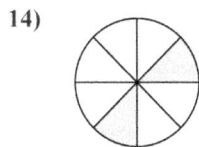

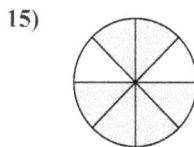

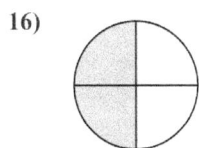

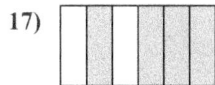

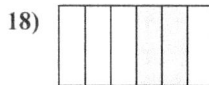

1. _____
2. _____
3. _____
4. _____
5. _____
6. _____
7. _____
8. _____
9. _____
10. _____
11. _____
12. _____
13. _____
14. _____
15. _____
16. _____
17. _____
18. _____

9

1)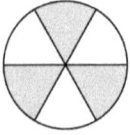

2)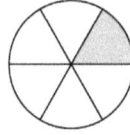

3)

4)

5)

6)

7)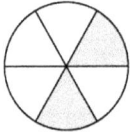

8)

9)

10)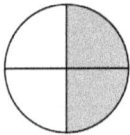

11)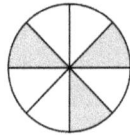

12)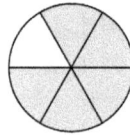

13)

14)

15)

16)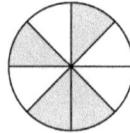

17)

18)

1. _____

2. _____

3. _____

4. _____

5. _____

6. _____

7. _____

8. _____

9. _____

10. _____

11. _____

12. _____

13. _____

14. _____

15. _____

16. _____

17. _____

18. _____

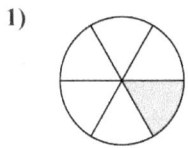

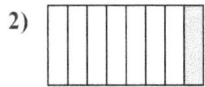

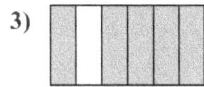

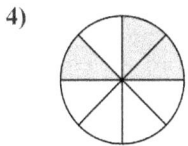

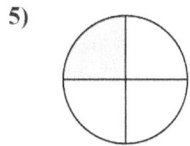

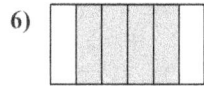

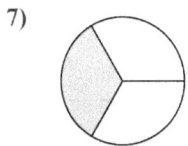

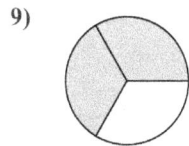

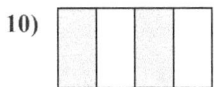

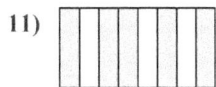

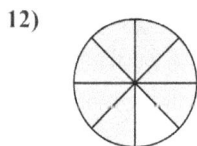

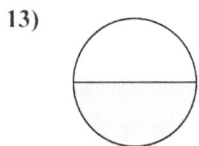

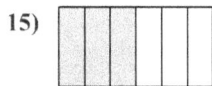

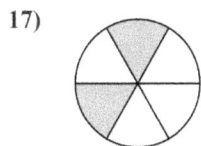

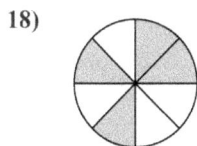

1)

2)

3)

4)

5)

6)

7)

8)

9)

10)

11)

12)

13)

14)

15)

16)

17)

18)

1. _____
2. _____
3. _____
4. _____
5. _____
6. _____
7. _____
8. _____
9. _____
10. _____
11. _____
12. _____
13. _____
14. _____
15. _____
16. _____
17. _____
18. _____

10

Bestimmen Sie, welche Auswahl (en) die Form zeigen, die so partitioniert ist, dass jedes Teil die gleiche Fläche hat. Falls nicht, schreiben Sie 'none'. Der erste ist für dich erledigt.

1)   a.   b.   c.   d.

2)   a.   b.   c.   d.

3)   a.   b.   c.   d.

4)   a.   b.   c.   d.

5)   a.   b.   c.   d.

6)   a.   b.   c.   d.

7)   a.   b.   c.   d.

8)   a.   b.   c.   d.

1.   A,B,C,D

2. _____

3. _____

4. _____

5. _____

6. _____

7. _____

8. _____

1) a.   b.   c.   d.

2) a.   b.   c.   d.

3) a.   b.   c.   d.

4) a.   b.   c.   d.

5) a.   b.   c.   d.

6) a.   b.   c.   d.

7) a.   b.   c.   d.

8) a.   b.   c.   d.

1. _____
2. _____
3. _____
4. _____
5. _____
6. _____
7. _____
8. _____

13

1) a.   b.   c.   d.

2) a.   b.   c.   d.

3) a.   b.   c.   d.

4) a.   b.   c.   d.

5) a.   b.   c.   d.

6) a.   b.   c.   d.

7) a.   b.   c.   d.

8) a.   b.   c.   d.

1. _____
2. _____
3. _____
4. _____
5. _____
6. _____
7. _____
8. _____

1) a.　　　b.　　　c.　　　d.

2) a.　　　b.　　　c.　　　d.

3) a.　　　b.　　　c.　　　d.

4) a.　　　b.　　　c.　　　d.

5) a.　　　b.　　　c.　　　d.

6) a.　　　b.　　　c.　　　d.

7) a.　　　b.　　　c.　　　d.

8) a.　　　b.　　　c.　　　d.

1. _____
2. _____
3. _____
4. _____
5. _____
6. _____
7. _____
8. _____

14

1)   a.   b.   c.   d.

2)   a.   b.   c.   d.

3)   a.   b.   c.   d.

4)   a.   b.   c.   d.

5)   a.   b.   c.   d.

6)   a.   b.   c.   d.

7)   a.   b.   c.   d.

8)   a.   b.   c.   d.

1. _____
2. _____
3. _____
4. _____
5. _____
6. _____
7. _____
8. _____

1) a.   b.   c.   d.

2) a.   b.   c.   d.

3) a.   b.   c.   d.

4) a.   b.   c.   d.

5) a.   b.   c.   d.

6) a.   b.   c.   d.

7) a.   b.   c.   d.

8) a.   b.   c.   d.

1. _____
2. _____
3. _____
4. _____
5. _____
6. _____
7. _____
8. _____

1) a.   b.   c.   d.

2) a.   b.   c.   d.

3) a.   b.   c.   d.

4) a.   b.   c.   d.

5) a.   b.   c.   d.

6) a.   b.   c.   d.

7) a.   b.   c.   d.

8) a.   b.   c.   d.

1. _____
2. _____
3. _____
4. _____
5. _____
6. _____
7. _____
8. _____

1) a.   b.   c.   d.

2) a.   b.   c.   d.

3) a.   b.   c.   d.

4) a.   b.   c.   d.

5) a.   b.   c.   d.

6) a.   b.   c.   d.

7) a.   b.   c.   d.

8) a.   b.   c.   d.

1. _____
2. _____
3. _____
4. _____
5. _____
6. _____
7. _____
8. _____

18

1) a.   b.   c.   d.

2) a.   b.   c.   d.

3) a.   b.   c.   d.

4) a.   b.   c.   d.

5) a.   b.   c.   d.

6) a.   b.   c.   d.

7) a.   b.   c.   d.

8) a.   b.   c.   d.

1. _____
2. _____
3. _____
4. _____
5. _____
6. _____
7. _____
8. _____

1) a. b. c. d.

2) a. b. c. d.

3) a. b. c. d.

4) a. b. c. d.

5) a. b. c. d.

6) a. b. c. d.

7) a. b. c. d.

8) a. b. c. d.

1. _____
2. _____
3. _____
4. _____
5. _____
6. _____
7. _____
8. _____

21 ✏️ **Bestimmen Sie, ob die angezeigten Bruchteile gleich 0, 1/2 oder 1 sind. Die erste ist für Sie erledigt.**

1) $\dfrac{8}{8}$ 2) $\dfrac{0}{7}$ 3) $\dfrac{0}{8}$ 4) $\dfrac{6}{12}$

5) $\dfrac{5}{10}$ 6) $\dfrac{3}{3}$ 7) $\dfrac{0}{6}$ 8) $\dfrac{0}{4}$

9) $\dfrac{9}{18}$ 10) $\dfrac{0}{2}$ 11) $\dfrac{3}{6}$ 12) $\dfrac{0}{9}$

13) $\dfrac{0}{5}$ 14) $\dfrac{4}{4}$ 15) $\dfrac{5}{5}$ 16) $\dfrac{7}{7}$

17) $\dfrac{4}{8}$ 18) $\dfrac{6}{6}$ 19) $\dfrac{2}{2}$ 20) $\dfrac{2}{4}$

1. _____ 1
2. _____
3. _____
4. _____
5. _____
6. _____
7. _____
8. _____
9. _____
10. _____
11. _____
12. _____
13. _____
14. _____
15. _____
16. _____
17. _____
18. _____
19. _____

22

1) $\dfrac{0}{7}$

2) $\dfrac{3}{3}$

3) $\dfrac{5}{5}$

4) $\dfrac{8}{16}$

5) $\dfrac{9}{18}$

6) $\dfrac{0}{4}$

7) $\dfrac{0}{6}$

8) $\dfrac{3}{6}$

9) $\dfrac{4}{8}$

10) $\dfrac{0}{2}$

11) $\dfrac{6}{6}$

12) $\dfrac{6}{12}$

13) $\dfrac{0}{3}$

14) $\dfrac{2}{2}$

15) $\dfrac{5}{10}$

16) $\dfrac{0}{8}$

17) $\dfrac{0}{5}$

18) $\dfrac{7}{14}$

19) $\dfrac{8}{8}$

20) $\dfrac{9}{9}$

1. _____
2. _____
3. _____
4. _____
5. _____
6. _____
7. _____
8. _____
9. _____
10. _____
11. _____
12. _____
13. _____
14. _____
15. _____
16. _____
17. _____
18. _____
19. _____

23

1) $\dfrac{0}{2}$ 2) $\dfrac{0}{4}$ 3) $\dfrac{2}{2}$ 4) $\dfrac{9}{18}$

5) $\dfrac{7}{7}$ 6) $\dfrac{0}{7}$ 7) $\dfrac{2}{4}$ 8) $\dfrac{0}{5}$

9) $\dfrac{0}{6}$ 10) $\dfrac{8}{8}$ 11) $\dfrac{9}{9}$ 12) $\dfrac{6}{12}$

13) $\dfrac{0}{8}$ 14) $\dfrac{6}{6}$ 15) $\dfrac{5}{10}$ 16) $\dfrac{7}{14}$

17) $\dfrac{8}{16}$ 18) $\dfrac{4}{4}$ 19) $\dfrac{4}{8}$ 20) $\dfrac{3}{3}$

1. _____
2. _____
3. _____
4. _____
5. _____
6. _____
7. _____
8. _____
9. _____
10. _____
11. _____
12. _____
13. _____
14. _____
15. _____
16. _____
17. _____
18. _____
19. _____

1) $\dfrac{7}{14}$
2) $\dfrac{0}{3}$
3) $\dfrac{3}{3}$
4) $\dfrac{6}{6}$

5) $\dfrac{0}{5}$
6) $\dfrac{4}{8}$
7) $\dfrac{0}{2}$
8) $\dfrac{3}{6}$

9) $\dfrac{9}{9}$
10) $\dfrac{6}{12}$
11) $\dfrac{9}{18}$
12) $\dfrac{0}{8}$

13) $\dfrac{5}{10}$
14) $\dfrac{8}{16}$
15) $\dfrac{0}{6}$
16) $\dfrac{7}{7}$

17) $\dfrac{5}{5}$
18) $\dfrac{2}{2}$
19) $\dfrac{0}{7}$
20) $\dfrac{8}{8}$

1. _____
2. _____
3. _____
4. _____
5. _____
6. _____
7. _____
8. _____
9. _____
10. _____
11. _____
12. _____
13. _____
14. _____
15. _____
16. _____
17. _____
18. _____
19. _____

25

1) $\dfrac{5}{5}$ 2) $\dfrac{0}{4}$ 3) $\dfrac{3}{3}$ 4) $\dfrac{9}{9}$

5) $\dfrac{0}{6}$ 6) $\dfrac{4}{8}$ 7) $\dfrac{0}{8}$ 8) $\dfrac{0}{2}$

9) $\dfrac{6}{6}$ 10) $\dfrac{2}{2}$ 11) $\dfrac{6}{12}$ 12) $\dfrac{8}{8}$

13) $\dfrac{2}{4}$ 14) $\dfrac{8}{16}$ 15) $\dfrac{3}{6}$ 16) $\dfrac{7}{14}$

17) $\dfrac{0}{9}$ 18) $\dfrac{0}{7}$ 19) $\dfrac{5}{10}$ 20) $\dfrac{4}{4}$

1. _____
2. _____
3. _____
4. _____
5. _____
6. _____
7. _____
8. _____
9. _____
10. _____
11. _____
12. _____
13. _____
14. _____
15. _____
16. _____
17. _____
18. _____
19. _____

26

1) $\dfrac{8}{8}$

2) $\dfrac{2}{4}$

3) $\dfrac{3}{6}$

4) $\dfrac{0}{5}$

5) $\dfrac{0}{6}$

6) $\dfrac{4}{8}$

7) $\dfrac{0}{8}$

8) $\dfrac{6}{12}$

9) $\dfrac{0}{3}$

10) $\dfrac{0}{2}$

11) $\dfrac{4}{4}$

12) $\dfrac{7}{14}$

13) $\dfrac{0}{4}$

14) $\dfrac{9}{18}$

15) $\dfrac{2}{2}$

16) $\dfrac{3}{3}$

17) $\dfrac{5}{10}$

18) $\dfrac{6}{6}$

19) $\dfrac{0}{7}$

20) $\dfrac{5}{5}$

1. _____
2. _____
3. _____
4. _____
5. _____
6. _____
7. _____
8. _____
9. _____
10. _____
11. _____
12. _____
13. _____
14. _____
15. _____
16. _____
17. _____
18. _____
19. _____

27

1) $\dfrac{3}{6}$ 2) $\dfrac{0}{6}$ 3) $\dfrac{2}{2}$ 4) $\dfrac{0}{3}$

5) $\dfrac{2}{4}$ 6) $\dfrac{8}{16}$ 7) $\dfrac{7}{14}$ 8) $\dfrac{4}{8}$

9) $\dfrac{4}{4}$ 10) $\dfrac{0}{8}$ 11) $\dfrac{9}{9}$ 12) $\dfrac{5}{5}$

13) $\dfrac{7}{7}$ 14) $\dfrac{0}{5}$ 15) $\dfrac{0}{2}$ 16) $\dfrac{0}{7}$

17) $\dfrac{0}{9}$ 18) $\dfrac{6}{12}$ 19) $\dfrac{6}{6}$ 20) $\dfrac{9}{18}$

1. _____
2. _____
3. _____
4. _____
5. _____
6. _____
7. _____
8. _____
9. _____
10. _____
11. _____
12. _____
13. _____
14. _____
15. _____
16. _____
17. _____
18. _____
19. _____

1) $\dfrac{4}{8}$

2) $\dfrac{3}{6}$

3) $\dfrac{0}{3}$

4) $\dfrac{0}{6}$

5) $\dfrac{6}{12}$

6) $\dfrac{0}{5}$

7) $\dfrac{0}{9}$

8) $\dfrac{8}{16}$

9) $\dfrac{9}{9}$

10) $\dfrac{2}{4}$

11) $\dfrac{0}{7}$

12) $\dfrac{2}{2}$

13) $\dfrac{7}{7}$

14) $\dfrac{5}{10}$

15) $\dfrac{8}{8}$

16) $\dfrac{0}{2}$

17) $\dfrac{7}{14}$

18) $\dfrac{0}{4}$

19) $\dfrac{5}{5}$

20) $\dfrac{6}{6}$

1. _____
2. _____
3. _____
4. _____
5. _____
6. _____
7. _____
8. _____
9. _____
10. _____
11. _____
12. _____
13. _____
14. _____
15. _____
16. _____
17. _____
18. _____
19. _____

29

1) $\dfrac{9}{18}$

2) $\dfrac{2}{4}$

3) $\dfrac{5}{5}$

4) $\dfrac{7}{7}$

5) $\dfrac{3}{6}$

6) $\dfrac{3}{3}$

7) $\dfrac{0}{3}$

8) $\dfrac{0}{7}$

9) $\dfrac{0}{6}$

10) $\dfrac{9}{9}$

11) $\dfrac{8}{8}$

12) $\dfrac{0}{4}$

13) $\dfrac{8}{16}$

14) $\dfrac{0}{9}$

15) $\dfrac{4}{8}$

16) $\dfrac{5}{10}$

17) $\dfrac{0}{5}$

18) $\dfrac{6}{12}$

19) $\dfrac{4}{4}$

20) $\dfrac{2}{2}$

1. _____
2. _____
3. _____
4. _____
5. _____
6. _____
7. _____
8. _____
9. _____
10. _____
11. _____
12. _____
13. _____
14. _____
15. _____
16. _____
17. _____
18. _____
19. _____

30

1) $\dfrac{5}{5}$ 2) $\dfrac{7}{14}$ 3) $\dfrac{5}{10}$ 4) $\dfrac{3}{3}$

5) $\dfrac{4}{8}$ 6) $\dfrac{0}{2}$ 7) $\dfrac{6}{6}$ 8) $\dfrac{0}{5}$

9) $\dfrac{3}{6}$ 10) $\dfrac{0}{9}$ 11) $\dfrac{8}{8}$ 12) $\dfrac{0}{8}$

13) $\dfrac{9}{18}$ 14) $\dfrac{0}{6}$ 15) $\dfrac{0}{4}$ 16) $\dfrac{4}{4}$

17) $\dfrac{0}{7}$ 18) $\dfrac{2}{2}$ 19) $\dfrac{6}{12}$ 20) $\dfrac{7}{7}$

1. _____
2. _____
3. _____
4. _____
5. _____
6. _____
7. _____
8. _____
9. _____
10. _____
11. _____
12. _____
13. _____
14. _____
15. _____
16. _____
17. _____
18. _____
19. _____

Das Problemlösen. Schreiben Sie Ihre Antwort als unzulässigen Bruch (wenn möglich). Der erste ist für dich erledigt.

1) $1\frac{1}{2} - 1\frac{1}{2} =$

2) $8\frac{2}{4} - 6\frac{3}{4} =$

3) $5\frac{2}{3} - 4\frac{1}{3} =$

4) $4\frac{3}{5} - 4\frac{1}{5} =$

5) $6\frac{1}{4} - 2\frac{1}{4} =$

6) $9\frac{1}{2} - 5\frac{1}{2} =$

7) $8\frac{1}{2} + 8\frac{1}{2} =$

8) $4\frac{1}{4} + 2\frac{1}{4} =$

9) $4\frac{3}{8} + 1\frac{7}{8} =$

10) $5\frac{7}{8} + 5\frac{4}{8} =$

11) $7\frac{5}{8} + 2\frac{7}{8} =$

12) $4\frac{4}{8} + 1\frac{5}{8} =$

1. $\frac{0}{2}$

2. _____

3. _____

4. _____

5. _____

6. _____

7. _____

8. _____

9. _____

10. _____

11. _____

12. _____

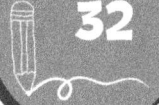

1) $7\frac{4}{5} - 5\frac{4}{5} =$

2) $7\frac{2}{3} - 5\frac{2}{3} =$

3) $7\frac{2}{3} - 6\frac{2}{3} =$

4) $9\frac{2}{10} - 1\frac{3}{10} =$

5) $6\frac{9}{10} - 1\frac{1}{10} =$

6) $9\frac{2}{3} - 6\frac{1}{3} =$

7) $5\frac{4}{6} + 2\frac{1}{6} =$

8) $7\frac{5}{8} + 5\frac{1}{8} =$

9) $8\frac{3}{10} + 1\frac{3}{10} =$

10) $2\frac{6}{8} + 1\frac{1}{8} =$

11) $8\frac{1}{4} + 3\frac{3}{4} =$

12) $7\frac{10}{12} + 2\frac{2}{12} =$

1. _____
2. _____
3. _____
4. _____
5. _____
6. _____
7. _____
8. _____
9. _____
10. _____
11. _____
12. _____

1) $4\dfrac{1}{3} - 2\dfrac{1}{3} =$

2) $5\dfrac{8}{10} - 4\dfrac{8}{10} =$

3) $5\dfrac{1}{2} - 2\dfrac{1}{2} =$

4) $9\dfrac{1}{5} - 3\dfrac{4}{5} =$

5) $8\dfrac{7}{12} - 1\dfrac{3}{12} =$

6) $9\dfrac{7}{12} - 3\dfrac{9}{12} =$

7) $6\dfrac{1}{4} + 3\dfrac{3}{4} =$

8) $8\dfrac{4}{5} + 2\dfrac{1}{5} =$

9) $2\dfrac{9}{12} + 1\dfrac{4}{12} =$

10) $3\dfrac{3}{4} + 3\dfrac{2}{4} =$

11) $9\dfrac{4}{8} + 2\dfrac{6}{8} =$

12) $1\dfrac{5}{10} + 1\dfrac{4}{10} =$

1. _____
2. _____
3. _____
4. _____
5. _____
6. _____
7. _____
8. _____
9. _____
10. _____
11. _____
12. _____

34

1) $4\dfrac{2}{6} - 3\dfrac{4}{6} =$

2) $6\dfrac{10}{12} - 1\dfrac{5}{12} =$

3) $9\dfrac{5}{12} - 7\dfrac{1}{12} =$

4) $6\dfrac{2}{5} - 3\dfrac{1}{5} =$

5) $8\dfrac{7}{10} - 4\dfrac{8}{10} =$

6) $9\dfrac{1}{2} - 7\dfrac{1}{2} =$

7) $7\dfrac{4}{12} + 5\dfrac{4}{12} =$

8) $8\dfrac{2}{3} + 6\dfrac{1}{3} =$

9) $3\dfrac{4}{5} + 2\dfrac{1}{5} =$

10) $9\dfrac{4}{8} + 7\dfrac{2}{8} =$

11) $7\dfrac{7}{8} + 4\dfrac{5}{8} =$

12) $8\dfrac{2}{3} + 5\dfrac{2}{3} =$

1. _____
2. _____
3. _____
4. _____
5. _____
6. _____
7. _____
8. _____
9. _____
10. _____
11. _____
12. _____

1) $7\dfrac{1}{6} - 3\dfrac{4}{6} =$

2) $6\dfrac{1}{12} - 3\dfrac{11}{12} =$

3) $8\dfrac{1}{4} - 6\dfrac{3}{4} =$

4) $7\dfrac{1}{2} - 6\dfrac{1}{2} =$

5) $6\dfrac{2}{5} - 5\dfrac{2}{5} =$

6) $8\dfrac{3}{5} - 2\dfrac{2}{5} =$

7) $7\dfrac{1}{10} + 4\dfrac{5}{10} =$

8) $9\dfrac{1}{12} + 8\dfrac{4}{12} =$

9) $8\dfrac{1}{5} + 5\dfrac{4}{5} =$

10) $8\dfrac{3}{10} + 7\dfrac{4}{10} =$

11) $8\dfrac{3}{4} + 4\dfrac{3}{4} =$

12) $7\dfrac{1}{3} + 3\dfrac{1}{3}$

1. _____

2. _____

3. _____

4. _____

5. _____

6. _____

7. _____

8. _____

9. _____

10. _____

11. _____

12. _____

1) $7\frac{1}{6} - 3\frac{4}{6} =$

2) $6\frac{1}{12} - 3\frac{11}{12} =$

3) $8\frac{1}{4} - 6\frac{3}{4} =$

4) $7\frac{1}{2} - 6\frac{1}{2} =$

5) $6\frac{2}{5} - 5\frac{2}{5} =$

6) $8\frac{3}{5} - 2\frac{2}{5} =$

7) $7\frac{1}{10} + 4\frac{5}{10} =$

8) $9\frac{1}{12} + 8\frac{4}{12} =$

9) $8\frac{1}{5} + 5\frac{4}{5} =$

10) $8\frac{3}{10} + 7\frac{4}{10} =$

11) $8\frac{3}{4} + 4\frac{3}{4} =$

12) $7\frac{1}{3} + 3\frac{1}{3} =$

1. _____
2. _____
3. _____
4. _____
5. _____
6. _____
7. _____
8. _____
9. _____
10. _____
11. _____
12. _____

1) $8\frac{1}{10} - 2\frac{4}{10} =$

2) $9\frac{5}{12} - 7\frac{7}{12} =$

3) $7\frac{5}{10} - 2\frac{5}{10} =$

4) $9\frac{1}{12} - 3\frac{4}{12} =$

5) $7\frac{4}{5} - 5\frac{2}{5} =$

6) $5\frac{1}{4} - 3\frac{2}{4} =$

7) $4\frac{1}{5} + 2\frac{4}{5} =$

8) $8\frac{2}{8} + 5\frac{5}{8} =$

9) $9\frac{4}{6} + 8\frac{3}{6} =$

10) $4\frac{2}{10} + 3\frac{7}{10} =$

11) $6\frac{3}{8} + 1\frac{7}{8} =$

12) $7\frac{1}{2} + 3\frac{1}{2} =$

1. _____

2. _____

3. _____

4. _____

5. _____

6. _____

7. _____

8. _____

9. _____

10. _____

11. _____

12. _____

1) $8\dfrac{4}{8} - 6\dfrac{7}{8} =$

2) $5\dfrac{1}{12} - 3\dfrac{8}{12} =$

3) $8\dfrac{3}{4} - 8\dfrac{1}{4} =$

4) $4\dfrac{1}{3} - 1\dfrac{1}{3} =$

5) $6\dfrac{2}{4} - 3\dfrac{2}{4} =$

6) $6\dfrac{2}{8} - 1\dfrac{1}{8} =$

7) $4\dfrac{2}{3} + 3\dfrac{1}{3} =$

8) $8\dfrac{1}{6} + 4\dfrac{5}{6} =$

9) $6\dfrac{7}{10} + 5\dfrac{8}{10} =$

10) $8\dfrac{2}{10} + 3\dfrac{2}{10} =$

11) $4\dfrac{1}{2} + 2\dfrac{1}{2} =$

12) $7\dfrac{8}{10} + 2\dfrac{7}{10} =$

1. _____
2. _____
3. _____
4. _____
5. _____
6. _____
7. _____
8. _____
9. _____
10. _____
11. _____
12. _____

39

1) $5\dfrac{2}{4} - 3\dfrac{3}{4} =$

2) $9\dfrac{5}{8} - 6\dfrac{4}{8} =$

3) $9\dfrac{10}{12} - 9\dfrac{9}{12} =$

4) $5\dfrac{1}{2} - 4\dfrac{1}{2} =$

5) $9\dfrac{2}{3} - 5\dfrac{2}{3} =$

6) $5\dfrac{3}{5} - 4\dfrac{2}{5} =$

7) $7\dfrac{9}{12} + 1\dfrac{4}{12} =$

8) $5\dfrac{4}{10} + 4\dfrac{5}{10} =$

9) $7\dfrac{7}{8} + 5\dfrac{5}{8} =$

10) $6\dfrac{2}{6} + 5\dfrac{1}{6} =$

11) $4\dfrac{3}{5} + 1\dfrac{2}{5} =$

12) $1\dfrac{2}{3} + 1\dfrac{2}{3} =$

1. _____

2. _____

3. _____

4. _____

5. _____

6. _____

7. _____

8. _____

9. _____

10. _____

11. _____

12. _____

1) $9\dfrac{5}{12} - 6\dfrac{7}{12} =$

2) $5\dfrac{5}{8} - 1\dfrac{5}{8} =$

3) $5\dfrac{2}{6} - 3\dfrac{5}{6} =$

4) $7\dfrac{7}{8} - 6\dfrac{1}{8} =$

5) $7\dfrac{5}{12} - 3\dfrac{2}{12} =$

6) $1\dfrac{3}{5} - 1\dfrac{1}{5} =$

7) $6\dfrac{3}{5} + 3\dfrac{1}{5} =$

8) $7\dfrac{3}{6} + 7\dfrac{1}{6} =$

9) $9\dfrac{2}{3} + 6\dfrac{1}{3} =$

10) $6\dfrac{2}{3} + 4\dfrac{2}{3} =$

11) $9\dfrac{1}{4} + 5\dfrac{2}{4} =$

12) $5\dfrac{3}{8} + 2\dfrac{7}{8} =$

1. _____
2. _____
3. _____
4. _____
5. _____
6. _____
7. _____
8. _____
9. _____
10. _____
11. _____
12. _____

Verwenden Sie Umgruppierung, um zu lösen. Stellen Sie sicher, dass Ihre Antwort nicht falsch ist. Der erste ist für dich erledigt.

1) $2\frac{1}{3} - 1\frac{2}{3} =$

2) $3\frac{1}{4} - 1\frac{3}{4} =$

3) $6\frac{1}{8} - 4\frac{4}{8} =$

4) $2\frac{2}{7} - 1\frac{5}{7} =$

5) $10\frac{1}{3} - 1\frac{2}{3} =$

6) $7\frac{2}{5} - 2\frac{4}{5} =$

7) $4\frac{1}{10} - 1\frac{4}{10} =$

8) $5\frac{1}{7} - 2\frac{5}{7} =$

9) $9\frac{4}{9} - 3\frac{7}{9} =$

10) $8\frac{1}{3} - 6\frac{2}{3} =$

11) $8\frac{2}{4} - 5\frac{3}{4} =$

12) $2\frac{4}{8} - 1\frac{5}{8} =$

13) $5\frac{5}{7} - 1\frac{6}{7} =$

14) $8\frac{4}{10} - 3\frac{8}{10} =$

15) $6\frac{1}{3} - 2\frac{2}{3} =$

16) $9\frac{1}{7} - 7\frac{2}{7} =$

1. $\frac{2}{3}$

2.

3.

4.

5.

6.

7.

8.

9.

10.

11.

12.

13.

14.

15.

16.

1) $5\dfrac{3}{6} - 2\dfrac{4}{6} =$

2) $10\dfrac{1}{5} - 7\dfrac{2}{5} =$

3) $7\dfrac{2}{10} - 4\dfrac{8}{10} =$

4) $3\dfrac{1}{3} - 1\dfrac{2}{3} =$

5) $4\dfrac{1}{4} - 3\dfrac{2}{4} =$

6) $2\dfrac{1}{8} - 1\dfrac{2}{8} =$

7) $9\dfrac{4}{10} - 5\dfrac{8}{10} =$

8) $4\dfrac{1}{3} - 1\dfrac{2}{3} =$

9) $6\dfrac{1}{9} - 3\dfrac{4}{9} =$

10) $5\dfrac{1}{3} - 1\dfrac{2}{3} =$

11) $8\dfrac{1}{3} - 1\dfrac{2}{3} =$

12) $6\dfrac{1}{5} - 4\dfrac{2}{5} =$

13) $5\dfrac{1}{9} \quad 3\dfrac{7}{9} =$

14) $6\dfrac{1}{7} - 5\dfrac{3}{7} =$

15) $6\dfrac{2}{6} - 3\dfrac{3}{6} =$

16) $9\dfrac{5}{8} - 3\dfrac{6}{8} =$

1. _____
2. _____
3. _____
4. _____
5. _____
6. _____
7. _____
8. _____
9. _____
10. _____
11. _____
12. _____
13. _____
14. _____
15. _____
16. _____

43

1) $6\dfrac{6}{9} - 5\dfrac{7}{9} =$

2) $9\dfrac{1}{8} - 7\dfrac{2}{8} =$

3) $10\dfrac{8}{10} - 2\dfrac{9}{10} =$

4) $6\dfrac{4}{7} - 3\dfrac{6}{7} =$

5) $2\dfrac{1}{3} - 1\dfrac{2}{3} =$

6) $8\dfrac{1}{4} - 3\dfrac{3}{4} =$

7) $4\dfrac{2}{10} - 1\dfrac{5}{10} =$

8) $2\dfrac{8}{10} - 1\dfrac{9}{10} =$

9) $6\dfrac{1}{4} - 2\dfrac{3}{4} =$

10) $10\dfrac{1}{3} - 7\dfrac{2}{3} =$

11) $6\dfrac{1}{7} - 4\dfrac{2}{7} =$

12) $3\dfrac{2}{5} - 1\dfrac{3}{5} =$

13) $5\dfrac{1}{6} - 4\dfrac{2}{6} =$

14) $9\dfrac{1}{3} - 4\dfrac{2}{3} =$

15) $7\dfrac{1}{10} - 6\dfrac{3}{10} =$

16) $10\dfrac{1}{6} - 4\dfrac{3}{6} =$

1. _____
2. _____
3. _____
4. _____
5. _____
6. _____
7. _____
8. _____
9. _____
10. _____
11. _____
12. _____
13. _____
14. _____
15. _____
16. _____

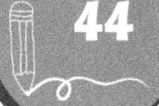

1) $4\dfrac{1}{3} - 2\dfrac{2}{3} =$

2) $5\dfrac{2}{7} - 3\dfrac{6}{7} =$

3) $4\dfrac{2}{8} - 3\dfrac{5}{8} =$

4) $5\dfrac{1}{3} - 3\dfrac{2}{3} =$

5) $9\dfrac{2}{10} - 3\dfrac{3}{10} =$

6) $10\dfrac{2}{7} - 9\dfrac{3}{7} =$

7) $6\dfrac{2}{10} - 2\dfrac{5}{10} =$

8) $2\dfrac{1}{6} - 1\dfrac{2}{6} =$

9) $9\dfrac{2}{7} - 1\dfrac{3}{7} =$

10) $6\dfrac{6}{9} - 5\dfrac{7}{9} =$

11) $6\dfrac{1}{3} - 4\dfrac{2}{3} =$

12) $5\dfrac{4}{6} - 2\dfrac{5}{6} =$

13) $7\dfrac{1}{10} - 5\dfrac{2}{10} =$

14) $5\dfrac{1}{4} - 1\dfrac{3}{4} =$

15) $6\dfrac{2}{10} - 5\dfrac{4}{10} =$

16) $7\dfrac{3}{7} - 2\dfrac{5}{7} =$

1. _____
2. _____
3. _____
4. _____
5. _____
6. _____
7. _____
8. _____
9. _____
10. _____
11. _____
12. _____
13. _____
14. _____
15. _____
16. _____

1) $10\dfrac{1}{4} - 2\dfrac{2}{4} =$

2) $4\dfrac{6}{9} - 1\dfrac{8}{9} =$

3) $9\dfrac{1}{3} - 5\dfrac{2}{3} =$

4) $8\dfrac{1}{6} - 6\dfrac{4}{6} =$

5) $6\dfrac{2}{8} - 1\dfrac{5}{8} =$

6) $3\dfrac{1}{8} - 2\dfrac{6}{8} =$

7) $6\dfrac{2}{9} - 5\dfrac{6}{9} =$

8) $10\dfrac{1}{7} - 7\dfrac{5}{7} =$

9) $8\dfrac{1}{3} - 2\dfrac{2}{3} =$

10) $2\dfrac{1}{5} - 1\dfrac{3}{5} =$

11) $4\dfrac{1}{4} - 1\dfrac{2}{4} =$

12) $6\dfrac{1}{6} - 1\dfrac{2}{6} =$

13) $6\dfrac{3}{10} - 5\dfrac{7}{10} =$

14) $8\dfrac{1}{8} - 2\dfrac{2}{8} =$

15) $3\dfrac{1}{6} - 2\dfrac{4}{6} =$

16) $8\dfrac{2}{7} - 2\dfrac{3}{7} =$

1. _____
2. _____
3. _____
4. _____
5. _____
6. _____
7. _____
8. _____
9. _____
10. _____
11. _____
12. _____
13. _____
14. _____
15. _____
16. _____

1) $8\dfrac{1}{4} - 7\dfrac{2}{4} =$

2) $7\dfrac{2}{5} - 4\dfrac{4}{5} =$

3) $8\dfrac{4}{8} - 3\dfrac{6}{8} =$

4) $7\dfrac{3}{9} - 5\dfrac{5}{9} =$

5) $2\dfrac{2}{5} - 1\dfrac{3}{5} =$

6) $5\dfrac{2}{10} - 1\dfrac{3}{10} =$

7) $2\dfrac{1}{7} - 1\dfrac{2}{7} =$

8) $9\dfrac{2}{4} - 5\dfrac{3}{4} =$

9) $2\dfrac{7}{9} - 1\dfrac{8}{9} =$

10) $9\dfrac{1}{8} - 1\dfrac{5}{8} =$

11) $2\dfrac{1}{8} - 1\dfrac{2}{8} =$

12) $2\dfrac{4}{10} - 1\dfrac{8}{10} =$

13) $5\dfrac{1}{3} - 4\dfrac{2}{3} -$

14) $10\dfrac{3}{10} - 7\dfrac{7}{10} =$

15) $10\dfrac{1}{4} - 5\dfrac{2}{4} =$

16) $4\dfrac{2}{5} - 2\dfrac{4}{5} =$

1. _____
2. _____
3. _____
4. _____
5. _____
6. _____
7. _____
8. _____
9. _____
10. _____
11. _____
12. _____
13. _____
14. _____
15. _____
16. _____

1) $2\dfrac{1}{4} - 1\dfrac{2}{4} =$

2) $7\dfrac{1}{3} - 6\dfrac{2}{3} =$

3) $9\dfrac{1}{8} - 7\dfrac{4}{8} =$

4) $8\dfrac{1}{6} - 1\dfrac{4}{6} =$

5) $10\dfrac{1}{3} - 2\dfrac{2}{3} =$

6) $8\dfrac{3}{7} - 7\dfrac{4}{7} =$

7) $5\dfrac{4}{8} - 4\dfrac{5}{8} =$

8) $8\dfrac{1}{8} - 6\dfrac{2}{8} =$

9) $10\dfrac{1}{6} - 5\dfrac{2}{6} =$

10) $7\dfrac{1}{4} - 3\dfrac{2}{4} =$

11) $4\dfrac{1}{7} - 2\dfrac{5}{7} =$

12) $4\dfrac{1}{7} - 2\dfrac{2}{7} =$

13) $7\dfrac{3}{6} - 6\dfrac{4}{6} =$

14) $4\dfrac{1}{4} - 1\dfrac{3}{4} =$

15) $2\dfrac{1}{5} - 1\dfrac{2}{5} =$

16) $5\dfrac{1}{5} - 3\dfrac{3}{5} =$

1. _____
2. _____
3. _____
4. _____
5. _____
6. _____
7. _____
8. _____
9. _____
10. _____
11. _____
12. _____
13. _____
14. _____
15. _____
16. _____

1) $7\frac{2}{10} - 6\frac{3}{10} =$

2) $2\frac{1}{4} - 1\frac{3}{4} =$

3) $7\frac{1}{6} - 6\frac{2}{6} =$

4) $6\frac{3}{10} - 5\frac{4}{10} =$

5) $2\frac{1}{3} - 1\frac{2}{3} =$

6) $10\frac{5}{9} - 4\frac{7}{9} =$

7) $9\frac{1}{8} - 8\frac{2}{8} =$

8) $7\frac{2}{5} - 4\frac{4}{5} =$

9) $4\frac{4}{7} - 1\frac{5}{7} =$

10) $4\frac{3}{10} - 1\frac{7}{10} =$

11) $10\frac{1}{5} - 7\frac{3}{5} =$

12) $2\frac{4}{7} - 1\frac{6}{7} =$

13) $5\frac{1}{3} - 4\frac{2}{3} =$

14) $9\frac{2}{5} - 3\frac{3}{5} =$

15) $9\frac{1}{3} - 8\frac{2}{3} =$

16) $10\frac{1}{5} - 8\frac{3}{5} =$

1. _____
2. _____
3. _____
4. _____
5. _____
6. _____
7. _____
8. _____
9. _____
10. _____
11. _____
12. _____
13. _____
14. _____
15. _____
16. _____

49

1) $5\dfrac{1}{5} - 2\dfrac{2}{5} =$

2) $8\dfrac{1}{5} - 2\dfrac{3}{5} =$

3) $4\dfrac{1}{5} - 2\dfrac{4}{5} =$

4) $4\dfrac{1}{8} - 3\dfrac{5}{8} =$

5) $7\dfrac{4}{8} - 3\dfrac{7}{8} =$

6) $6\dfrac{1}{6} - 5\dfrac{4}{6} =$

7) $2\dfrac{3}{6} - 1\dfrac{4}{6} =$

8) $10\dfrac{1}{6} - 6\dfrac{4}{6} =$

9) $6\dfrac{1}{3} - 3\dfrac{2}{3} =$

10) $5\dfrac{1}{5} - 2\dfrac{4}{5} =$

11) $2\dfrac{2}{4} - 1\dfrac{3}{4} =$

12) $10\dfrac{1}{3} - 7\dfrac{2}{3} =$

13) $2\dfrac{2}{10} - 1\dfrac{4}{10} =$

14) $10\dfrac{3}{8} - 7\dfrac{7}{8} =$

15) $3\dfrac{5}{10} - 2\dfrac{9}{10} =$

16) $7\dfrac{2}{10} - 3\dfrac{9}{10} =$

1. _____
2. _____
3. _____
4. _____
5. _____
6. _____
7. _____
8. _____
9. _____
10. _____
11. _____
12. _____
13. _____
14. _____
15. _____
16. _____

1) $9\dfrac{5}{9} - 4\dfrac{7}{9} =$

2) $10\dfrac{4}{8} - 1\dfrac{6}{8} =$

3) $7\dfrac{1}{8} - 2\dfrac{3}{8} =$

4) $8\dfrac{1}{8} - 1\dfrac{2}{8} =$

5) $7\dfrac{1}{3} - 6\dfrac{2}{3} =$

6) $6\dfrac{2}{8} - 5\dfrac{6}{8} =$

7) $7\dfrac{1}{5} - 3\dfrac{3}{5} =$

8) $3\dfrac{2}{7} - 1\dfrac{3}{7} =$

9) $8\dfrac{5}{10} - 1\dfrac{9}{10} =$

10) $6\dfrac{1}{3} - 2\dfrac{2}{3} =$

11) $3\dfrac{5}{10} - 2\dfrac{6}{10} =$

12) $3\dfrac{2}{4} - 2\dfrac{3}{4} =$

13) $3\dfrac{2}{5} - 2\dfrac{3}{5} =$

14) $10\dfrac{1}{8} - 8\dfrac{2}{8} =$

15) $2\dfrac{3}{7} - 1\dfrac{5}{7} =$

16) $6\dfrac{1}{8} - 2\dfrac{7}{8} =$

1. _____
2. _____
3. _____
4. _____
5. _____
6. _____
7. _____
8. _____
9. _____
10. _____
11. _____
12. _____
13. _____
14. _____
15. _____
16. _____

Ordne jede Gleichung zu und schreibe die Antwort. Der erste ist für dich erledigt.

Ex) $\frac{1}{4} + \frac{1}{4}$

A.

Ex. **D** $\frac{2}{4}$

1) $\frac{1}{6} + \frac{1}{6}$

B.

1. _____

2) $\frac{1}{4} + \frac{1}{4} + \frac{1}{4}$

C.

2. _____

3) $\frac{1}{12} + \frac{1}{12} + \frac{1}{12}$

D.

3. _____

4) $\frac{1}{5} + \frac{1}{5} + \frac{1}{5} + \frac{1}{5}$

E.

4. _____

5) $\frac{1}{10} + \frac{1}{10} + \frac{1}{10} + \frac{1}{10} + \frac{1}{10} + \frac{1}{10} + \frac{1}{10}$

F.

5. _____

6) $\frac{1}{12} + \frac{1}{12} + \frac{1}{12} + \frac{1}{12}$

G.

6. _____

7) $\frac{1}{5} + \frac{1}{5} + \frac{1}{5}$

H.

7. _____

8) $\frac{1}{5} + \frac{1}{5}$

I.

8. _____

9) $\frac{1}{6} + \frac{1}{6} + \frac{1}{6} + \frac{1}{6} + \frac{1}{6}$

J.

9. _____

10) $\frac{1}{3} + \frac{1}{3}$

K.

10. _____

11) $\frac{1}{10} + \frac{1}{10} + \frac{1}{10} + \frac{1}{10} + \frac{1}{10}$

L.

11. _____

12) $\frac{1}{12} + \frac{1}{12} + \frac{1}{12} + \frac{1}{12} + \frac{1}{12} + \frac{1}{12}$

M.

12. _____

13) $\frac{1}{10} + \frac{1}{10} + \frac{1}{10}$

N.

13. _____

14) $\frac{1}{8} + \frac{1}{8}$

O.

14. _____

15) $\frac{1}{8} + \frac{1}{8} + \frac{1}{8} + \frac{1}{8} + \frac{1}{8} + \frac{1}{8} + \frac{1}{8}$

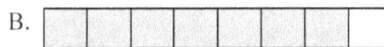

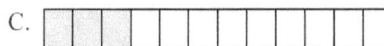

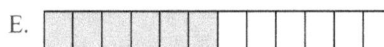

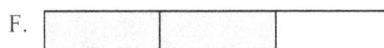

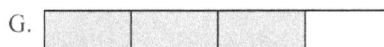

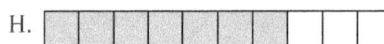

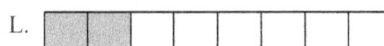

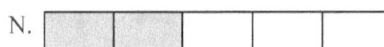

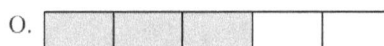

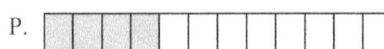

P.

15. _____

Ex) $\frac{1}{10} + \frac{1}{10}$

1) $\frac{1}{3} + \frac{1}{3}$

2) $\frac{1}{5} + \frac{1}{5} + \frac{1}{5}$

3) $\frac{1}{6} + \frac{1}{6}$

4) $\frac{1}{4} + \frac{1}{4} + \frac{1}{4}$

5) $\frac{1}{10} + \frac{1}{10} + \frac{1}{10} + \frac{1}{10} + \frac{1}{10}$

6) $\frac{1}{12} + \frac{1}{12} + \frac{1}{12} + \frac{1}{12}$

7) $\frac{1}{6} + \frac{1}{6} + \frac{1}{6} + \frac{1}{6}$

8) $\frac{1}{12} + \frac{1}{12} + \frac{1}{12} + \frac{1}{12} + \frac{1}{12} + \frac{1}{12}$

9) $\frac{1}{10} + \frac{1}{10} + \frac{1}{10} + \frac{1}{10} + \frac{1}{10} + \frac{1}{10}$

10) $\frac{1}{8} + \frac{1}{8} + \frac{1}{8} + \frac{1}{8} + \frac{1}{8}$

11) $\frac{1}{12} + \frac{1}{12} + \frac{1}{12}$

12) $\frac{1}{12} + \frac{1}{12} + \frac{1}{12} + \frac{1}{12} + \frac{1}{12}$

13) $\frac{1}{5} + \frac{1}{5}$

14) $\frac{1}{4} + \frac{1}{4}$

15) $\frac{1}{8} + \frac{1}{8}$

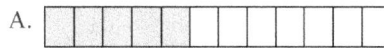

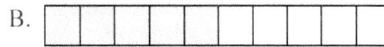

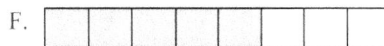

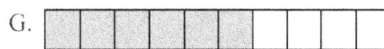

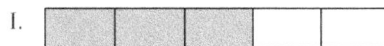

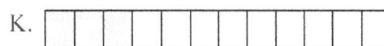

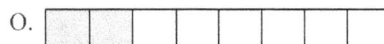

A.

B.

C.

D.

E.

F.

G.

H.

I.

J.

K.

L.

M.

N.

O.

P.

Ex.   D $\frac{2}{10}$

1. _____

2. _____

3. _____

4. _____

5. _____

6. _____

7. _____

8. _____

9. _____

10. _____

11. _____

12. _____

13. _____

14. _____

15. _____

53

Ex) $\frac{1}{3} + \frac{1}{3}$

A.

1) $\frac{1}{6} + \frac{1}{6} + \frac{1}{6}$

B.

2) $\frac{1}{8} + \frac{1}{8} + \frac{1}{8} + \frac{1}{8}$

C.

3) $\frac{1}{4} + \frac{1}{4}$

D.

4) $\frac{1}{5} + \frac{1}{5} + \frac{1}{5}$

E.

5) $\frac{1}{5} + \frac{1}{5}$

F.

6) $\frac{1}{12} + \frac{1}{12} + \frac{1}{12} + \frac{1}{12} + \frac{1}{12} + \frac{1}{12} + \frac{1}{12}$

G.

7) $\frac{1}{12} + \frac{1}{12} + \frac{1}{12} + \frac{1}{12} + \frac{1}{12} + \frac{1}{12}$

H.

8) $\frac{1}{6} + \frac{1}{6} + \frac{1}{6} + \frac{1}{6} + \frac{1}{6}$

I.

9) $\frac{1}{4} + \frac{1}{4} + \frac{1}{4}$

J.

10) $\frac{1}{10} + \frac{1}{10} + \frac{1}{10} + \frac{1}{10} + \frac{1}{10} + \frac{1}{10} + \frac{1}{10}$

K.

11) $\frac{1}{8} + \frac{1}{8} + \frac{1}{8} + \frac{1}{8} + \frac{1}{8} + \frac{1}{8} + \frac{1}{8}$

L.

12) $\frac{1}{5} + \frac{1}{5} + \frac{1}{5} + \frac{1}{5}$

M.

13) $\frac{1}{12} + \frac{1}{12} + \frac{1}{12} + \frac{1}{12}$

N.

14) $\frac{1}{12} + \frac{1}{12} + \frac{1}{12}$

O.

15) $\frac{1}{6} + \frac{1}{6} + \frac{1}{6} + \frac{1}{6}$

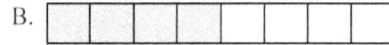

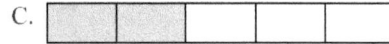

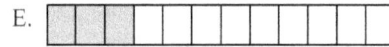

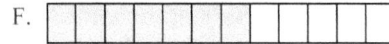

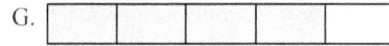

P.

Ex. _____ J _____ $\frac{2}{3}$

1. _____

2. _____

3. _____

4. _____

5. _____

6. _____

7. _____

8. _____

9. _____

10. _____

11. _____

12. _____

13. _____

14. _____

15. _____

Ex) $\frac{1}{4} + \frac{1}{4}$ A.

1) $\frac{1}{8} + \frac{1}{8} + \frac{1}{8} + \frac{1}{8} + \frac{1}{8}$ B.

2) $\frac{1}{6} + \frac{1}{6}$ C.

3) $\frac{1}{10} + \frac{1}{10} + \frac{1}{10} + \frac{1}{10} + \frac{1}{10} + \frac{1}{10}$ D.

4) $\frac{1}{8} + \frac{1}{8} + \frac{1}{8} + \frac{1}{8}$ E.

5) $\frac{1}{12} + \frac{1}{12} + \frac{1}{12} + \frac{1}{12} + \frac{1}{12} + \frac{1}{12}$ F.

6) $\frac{1}{10} + \frac{1}{10} + \frac{1}{10} + \frac{1}{10} + \frac{1}{10} + \frac{1}{10} + \frac{1}{10}$ G.

7) $\frac{1}{10} + \frac{1}{10} + \frac{1}{10} + \frac{1}{10} + \frac{1}{10}$ H.

8) $\frac{1}{4} + \frac{1}{4} + \frac{1}{4}$ I.

9) $\frac{1}{5} + \frac{1}{5} + \frac{1}{5}$ J.

10) $\frac{1}{12} + \frac{1}{12} + \frac{1}{12}$ K.

11) $\frac{1}{6} + \frac{1}{6} + \frac{1}{6} + \frac{1}{6} + \frac{1}{6}$ L.

12) $\frac{1}{12} + \frac{1}{12} + \frac{1}{12} + \frac{1}{12} + \frac{1}{12}$ M.

13) $\frac{1}{10} + \frac{1}{10}$ N.

14) $\frac{1}{5} + \frac{1}{5} + \frac{1}{5} + \frac{1}{5}$ O.

15) $\frac{1}{3} + \frac{1}{3}$ P.

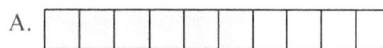

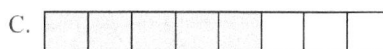

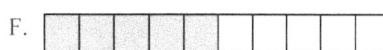

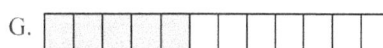

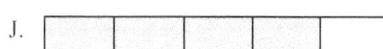

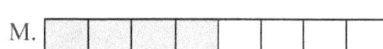

Ex.   E $\frac{2}{4}$

1. _____

2. _____

3. _____

4. _____

5. _____

6. _____

7. _____

8. _____

9. _____

10. _____

11. _____

12. _____

13. _____

14. _____

15. _____

Ex) $\frac{1}{8} + \frac{1}{8} + \frac{1}{8}$

1) $\frac{1}{5} + \frac{1}{5}$

2) $\frac{1}{4} + \frac{1}{4}$

3) $\frac{1}{12} + \frac{1}{12} + \frac{1}{12}$

4) $\frac{1}{6} + \frac{1}{6} + \frac{1}{6} + \frac{1}{6}$

5) $\frac{1}{10} + \frac{1}{10}$

6) $\frac{1}{12} + \frac{1}{12} + \frac{1}{12} + \frac{1}{12} + \frac{1}{12} + \frac{1}{12}$

7) $\frac{1}{5} + \frac{1}{5} + \frac{1}{5} + \frac{1}{5}$

8) $\frac{1}{3} + \frac{1}{3}$

9) $\frac{1}{12} + \frac{1}{12}$

10) $\frac{1}{10} + \frac{1}{10} + \frac{1}{10} + \frac{1}{10} + \frac{1}{10} + \frac{1}{10}$

11) $\frac{1}{10} + \frac{1}{10} + \frac{1}{10} + \frac{1}{10} + \frac{1}{10}$

12) $\frac{1}{4} + \frac{1}{4} + \frac{1}{4}$

13) $\frac{1}{8} + \frac{1}{8} + \frac{1}{8} + \frac{1}{8}$

14) $\frac{1}{12} + \frac{1}{12} + \frac{1}{12} + \frac{1}{12} + \frac{1}{12}$

15) $\frac{1}{8} + \frac{1}{8} + \frac{1}{8} + \frac{1}{8} + \frac{1}{8} + \frac{1}{8}$

A.
B.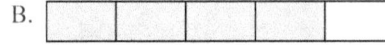
C.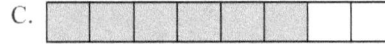
D.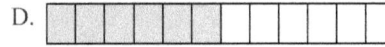
E.
F.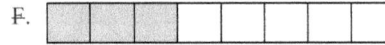
G.
H.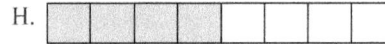
I.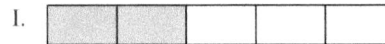
J.
K.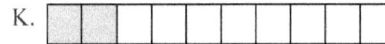
L.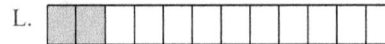
M.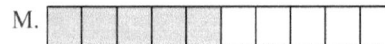
N.
O.
P.

Ex. ___F___ $\frac{3}{8}$

1. _____

2. _____

3. _____

4. _____

5. _____

6. _____

7. _____

8. _____

9. _____

10. _____

11. _____

12. _____

13. _____

14. _____

15. _____

Ex) $\frac{1}{3} + \frac{1}{3}$

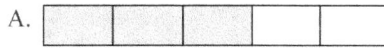

1) $\frac{1}{5} + \frac{1}{5} + \frac{1}{5} + \frac{1}{5}$

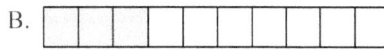

2) $\frac{1}{8} + \frac{1}{8} + \frac{1}{8} + \frac{1}{8} + \frac{1}{8} + \frac{1}{8} + \frac{1}{8}$

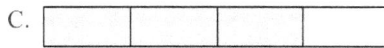

3) $\frac{1}{8} + \frac{1}{8} + \frac{1}{8} + \frac{1}{8}$

4) $\frac{1}{10} + \frac{1}{10} + \frac{1}{10} + \frac{1}{10} + \frac{1}{10}$

5) $\frac{1}{12} + \frac{1}{12} + \frac{1}{12} + \frac{1}{12} + \frac{1}{12}$

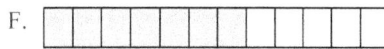

6) $\frac{1}{4} + \frac{1}{4} + \frac{1}{4}$

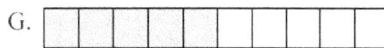

7) $\frac{1}{10} + \frac{1}{10}$

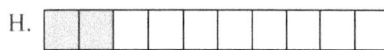

8) $\frac{1}{6} + \frac{1}{6} + \frac{1}{6} + \frac{1}{6}$

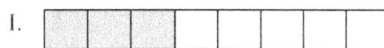

9) $\frac{1}{12} + \frac{1}{12} + \frac{1}{12} + \frac{1}{12} + \frac{1}{12} + \frac{1}{12}$

10) $\frac{1}{10} + \frac{1}{10} + \frac{1}{10}$

11) $\frac{1}{12} + \frac{1}{12} + \frac{1}{12} + \frac{1}{12} + \frac{1}{12} + \frac{1}{12} + \frac{1}{12}$

12) $\frac{1}{10} + \frac{1}{10} + \frac{1}{10} + \frac{1}{10} + \frac{1}{10} + \frac{1}{10} + \frac{1}{10}$

13) $\frac{1}{8} + \frac{1}{8} + \frac{1}{8}$

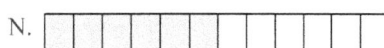

14) $\frac{1}{5} + \frac{1}{5} + \frac{1}{5}$

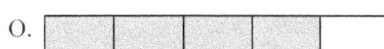

15) $\frac{1}{6} + \frac{1}{6} + \frac{1}{6}$

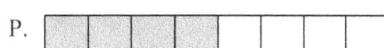

A.

B.

C.

Đ.

E.

F.

G.

H.

I.

J.

K.

L.

M.

N.

O.

P.

Ex. _____ D. $\frac{2}{3}$

1. _____

2. _____

3. _____

4. _____

5. _____

6. _____

7. _____

8. _____

9. _____

10. _____

11. _____

12. _____

13. _____

14. _____

15. _____

57

Ex) $\frac{1}{6} + \frac{1}{6} + \frac{1}{6}$	A.
1) $\frac{1}{12} + \frac{1}{12} + \frac{1}{12}$	B.
2) $\frac{1}{3} + \frac{1}{3}$	C.
3) $\frac{1}{8} + \frac{1}{8} + \frac{1}{8} + \frac{1}{8} + \frac{1}{8}$	D.
4) $\frac{1}{12} + \frac{1}{12} + \frac{1}{12} + \frac{1}{12} + \frac{1}{12}$	E.
5) $\frac{1}{8} + \frac{1}{8} + \frac{1}{8}$	F.
6) $\frac{1}{8} + \frac{1}{8} + \frac{1}{8} + \frac{1}{8}$	G.
7) $\frac{1}{4} + \frac{1}{4} + \frac{1}{4}$	H.
8) $\frac{1}{5} + \frac{1}{5} + \frac{1}{5} + \frac{1}{5}$	I.
9) $\frac{1}{4} + \frac{1}{4}$	J.
10) $\frac{1}{10} + \frac{1}{10} + \frac{1}{10} + \frac{1}{10} + \frac{1}{10} + \frac{1}{10} + \frac{1}{10}$	K.
11) $\frac{1}{12} + \frac{1}{12}$	L.
12) $\frac{1}{12} + \frac{1}{12} + \frac{1}{12} + \frac{1}{12} + \frac{1}{12} + \frac{1}{12}$	M.
13) $\frac{1}{8} + \frac{1}{8}$	N.
14) $\frac{1}{10} + \frac{1}{10} + \frac{1}{10} + \frac{1}{10}$	O.
15) $\frac{1}{5} + \frac{1}{5}$	P.

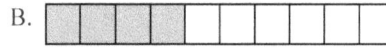

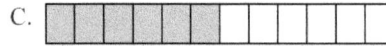

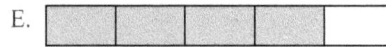

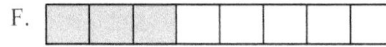

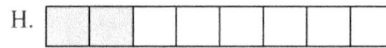

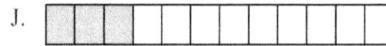

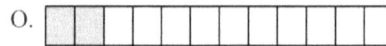

Ex. $\quad G \quad \frac{3}{6}$

1. ___
2. ___
3. ___
4. ___
5. ___
6. ___
7. ___
8. ___
9. ___
10. ___
11. ___
12. ___
13. ___
14. ___
15. ___

Ex) $\frac{1}{8} + \frac{1}{8} + \frac{1}{8} + \frac{1}{8} + \frac{1}{8} + \frac{1}{8} + \frac{1}{8}$

1) $\frac{1}{6} + \frac{1}{6}$

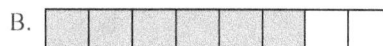

2) $\frac{1}{5} + \frac{1}{5}$

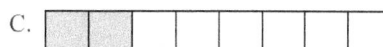

3) $\frac{1}{3} + \frac{1}{3}$

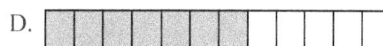

4) $\frac{1}{4} + \frac{1}{4}$

5) $\frac{1}{4} + \frac{1}{4} + \frac{1}{4}$

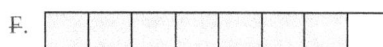

6) $\frac{1}{10} + \frac{1}{10} + \frac{1}{10} + \frac{1}{10} + \frac{1}{10}$

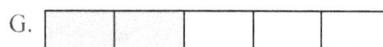

7) $\frac{1}{8} + \frac{1}{8}$

8) $\frac{1}{8} + \frac{1}{8} + \frac{1}{8} + \frac{1}{8} + \frac{1}{8} + \frac{1}{8}$

9) $\frac{1}{12} + \frac{1}{12} + \frac{1}{12} + \frac{1}{12} + \frac{1}{12} + \frac{1}{12} + \frac{1}{12}$

10) $\frac{1}{8} + \frac{1}{8} + \frac{1}{8} + \frac{1}{8} + \frac{1}{8}$

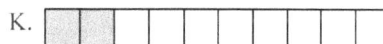

11) $\frac{1}{6} + \frac{1}{6} + \frac{1}{6}$

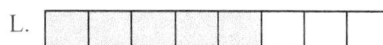

12) $\frac{1}{6} + \frac{1}{6} + \frac{1}{6} + \frac{1}{6}$

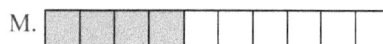

13) $\frac{1}{10} + \frac{1}{10}$

14) $\frac{1}{10} + \frac{1}{10} + \frac{1}{10} + \frac{1}{10}$

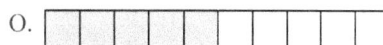

15) $\frac{1}{12} + \frac{1}{12} + \frac{1}{12}$

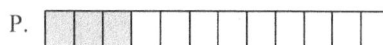

A.

B.

C.

D.

E.

F.

G.

H.

I.

J.

K.

L.

M.

N.

O.

P.

Ex. ___F___ $\frac{7}{8}$

1. _____

2. _____

3. _____

4. _____

5. _____

6. _____

7. _____

8. _____

9. _____

10. _____

11. _____

12. _____

13. _____

14. _____

15. _____

Ex) $\frac{1}{12} + \frac{1}{12} + \frac{1}{12} + \frac{1}{12} + \frac{1}{12} + \frac{1}{12} + \frac{1}{12}$

1) $\frac{1}{12} + \frac{1}{12} + \frac{1}{12} + \frac{1}{12} + \frac{1}{12} + \frac{1}{12}$

2) $\frac{1}{12} + \frac{1}{12} + \frac{1}{12} + \frac{1}{12} + \frac{1}{12}$

3) $\frac{1}{8} + \frac{1}{8} + \frac{1}{8} + \frac{1}{8} + \frac{1}{8}$

4) $\frac{1}{3} + \frac{1}{3}$

5) $\frac{1}{12} + \frac{1}{12} + \frac{1}{12} + \frac{1}{12}$

6) $\frac{1}{5} + \frac{1}{5} + \frac{1}{5}$

7) $\frac{1}{5} + \frac{1}{5}$

8) $\frac{1}{6} + \frac{1}{6} + \frac{1}{6} + \frac{1}{6} + \frac{1}{6}$

9) $\frac{1}{6} + \frac{1}{6} + \frac{1}{6} + \frac{1}{6}$

10) $\frac{1}{6} + \frac{1}{6} + \frac{1}{6}$

11) $\frac{1}{8} + \frac{1}{8} + \frac{1}{8} + \frac{1}{8}$

12) $\frac{1}{10} + \frac{1}{10} + \frac{1}{10}$

13) $\frac{1}{10} + \frac{1}{10} + \frac{1}{10} + \frac{1}{10}$

14) $\frac{1}{10} + \frac{1}{10}$

15) $\frac{1}{4} + \frac{1}{4}$

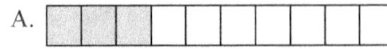

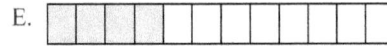

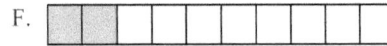

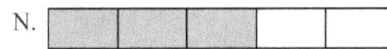

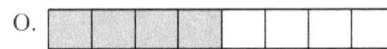

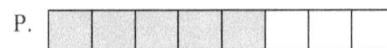

A.

B.

C.

D.

E.

F.

G.

H.

I.

J.

K.

Ł.

M.

N.

O.

P.

Ex. ___ L ___ $\frac{7}{12}$

1. _____

2. _____

3. _____

4. _____

5. _____

6. _____

7. _____

8. _____

9. _____

10. _____

11. _____

12. _____

13. _____

14. _____

15. _____

Ex) $\frac{1}{12} + \frac{1}{12} + \frac{1}{12}$

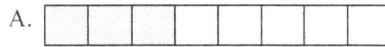

1) $\frac{1}{10} + \frac{1}{10} + \frac{1}{10} + \frac{1}{10} + \frac{1}{10} + \frac{1}{10}$

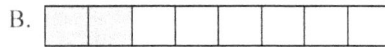

2) $\frac{1}{6} + \frac{1}{6} + \frac{1}{6} + \frac{1}{6}$

3) $\frac{1}{8} + \frac{1}{8} + \frac{1}{8} + \frac{1}{8}$

4) $\frac{1}{10} + \frac{1}{10} + \frac{1}{10}$

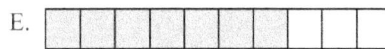

5) $\frac{1}{3} + \frac{1}{3}$

6) $\frac{1}{4} + \frac{1}{4} + \frac{1}{4}$

7) $\frac{1}{8} + \frac{1}{8} + \frac{1}{8} + \frac{1}{8} + \frac{1}{8} + \frac{1}{8}$

8) $\frac{1}{5} + \frac{1}{5} + \frac{1}{5}$

9) $\frac{1}{6} + \frac{1}{6}$

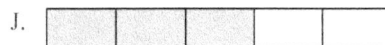

10) $\frac{1}{10} + \frac{1}{10} + \frac{1}{10} + \frac{1}{10} + \frac{1}{10} + \frac{1}{10} + \frac{1}{10}$

11) $\frac{1}{8} + \frac{1}{8} + \frac{1}{8} + \frac{1}{8} + \frac{1}{8} + \frac{1}{8} + \frac{1}{8}$

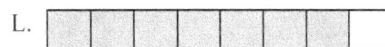

12) $\frac{1}{12} + \frac{1}{12} + \frac{1}{12} + \frac{1}{12}$

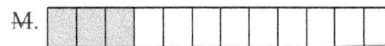

13) $\frac{1}{8} + \frac{1}{8}$

14) $\frac{1}{12} + \frac{1}{12}$

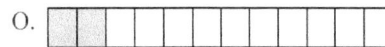

15) $\frac{1}{8} + \frac{1}{8} + \frac{1}{8}$

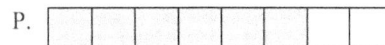

A.
B.
C.
D.
E.
F.
G.
H.
I.
J.
K.
L.
M.
N.
O.
P.

Ex. _____ M $\frac{3}{12}$

1. _____

2. _____

3. _____

4. _____

5. _____

6. _____

7. _____

8. _____

9. _____

10. _____

11. _____

12. _____

13. _____

14. _____

15. _____

LÖSUNGSSCHLÜSSEL

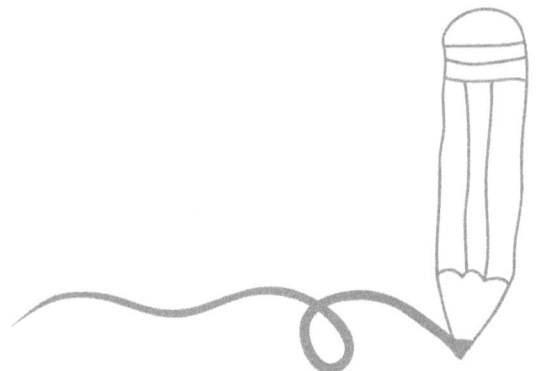

1

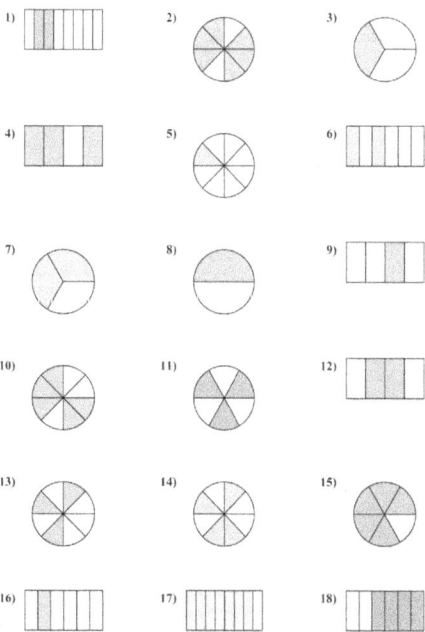

1) 2) 3)
4) 5) 6)
7) 8) 9)
10) 11) 12)
13) 14) 15)
16) 17) 18)

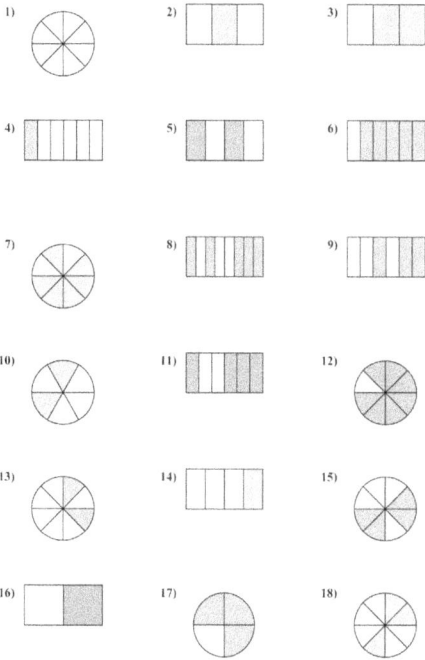

1. $\frac{1}{8}$
2. $\frac{1}{3}$
3. $\frac{2}{3}$
4. $\frac{1}{6}$
5. $\frac{2}{4}$
6. $\frac{5}{6}$
7. $\frac{6}{8}$
8. $\frac{5}{8}$
9. $\frac{3}{6}$
10. $\frac{2}{6}$
11. $\frac{4}{6}$
12. $\frac{7}{8}$
13. $\frac{2}{8}$
14. $\frac{1}{4}$
15. $\frac{4}{8}$
16. $\frac{1}{2}$
17. $\frac{3}{4}$
18. $\frac{3}{8}$

2

1) 2) 3)
4) 5) 6)
7) 8) 9)
10) 11) 12)
13) 14) 15)
16) 17) 18)

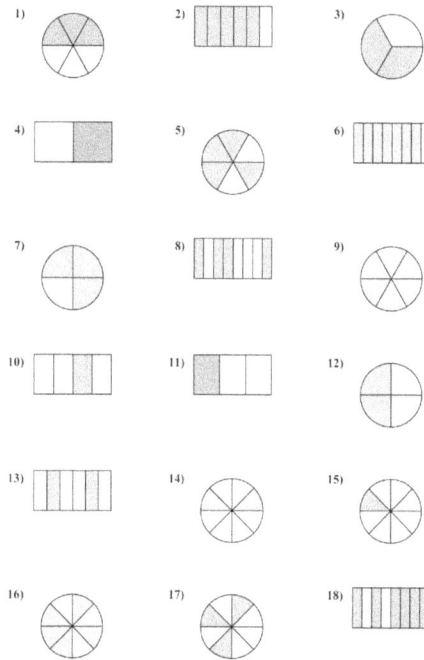

1. $\frac{3}{6}$
2. $\frac{5}{6}$
3. $\frac{2}{3}$
4. $\frac{1}{2}$
5. $\frac{4}{6}$
6. $\frac{7}{8}$
7. $\frac{3}{4}$
8. $\frac{4}{8}$
9. $\frac{1}{6}$
10. $\frac{1}{1}$
11. $\frac{1}{3}$
12. $\frac{2}{4}$
13. $\frac{2}{6}$
14. $\frac{2}{8}$
15. $\frac{1}{8}$
16. $\frac{5}{8}$
17. $\frac{3}{8}$
18. $\frac{6}{8}$

3

1) 2) 3)
4) 5) 6)
7) 8) 9)
10) 11) 12)
13) 14) 15)
16) 17) 18)

1. _____
2. _____
3. _____
4. _____
5. _____
6. _____
7. _____
8. _____
9. _____
10. _____
11. _____
12. _____
13. _____
14. _____
15. _____
16. _____
17. _____
18. _____

4

1) 2) 3)
4) 5) 6)
7) 8) 9)
10) 11) 12)
13) 14) 15)
16) 17) 18)

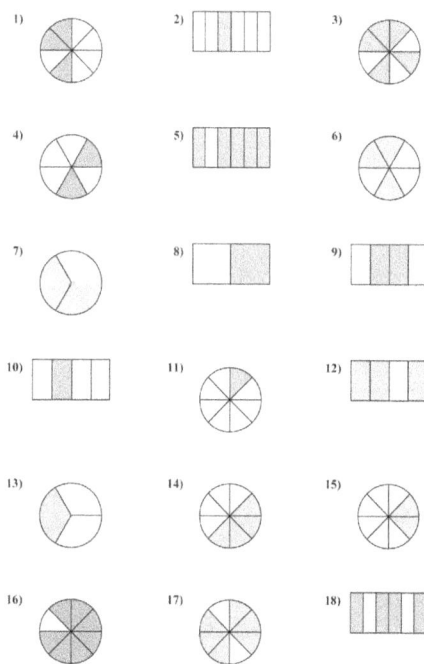

1. $\frac{3}{8}$
2. $\frac{1}{6}$
3. $\frac{5}{8}$
4. $\frac{2}{6}$
5. $\frac{5}{6}$
6. $\frac{3}{6}$
7. $\frac{2}{3}$
8. $\frac{1}{2}$
9. $\frac{2}{4}$
10. $\frac{1}{4}$
11. $\frac{1}{8}$
12. $\frac{3}{4}$
13. $\frac{1}{3}$
14. $\frac{4}{8}$
15. $\frac{2}{8}$
16. $\frac{7}{8}$
17. $\frac{6}{8}$
18. $\frac{4}{6}$

5

1) 2) 3)

4) 5) 6)

7) 8) 9)

10) 11) 12)

13) 14) 15)

16) 17) 18)

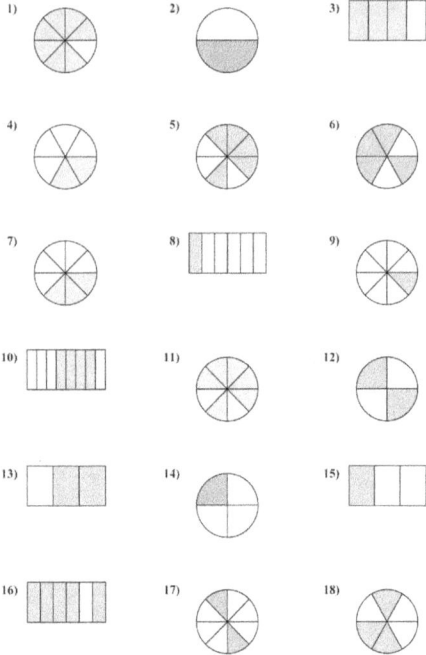

1. $\frac{7}{8}$
2. $\frac{1}{2}$
3. $\frac{3}{4}$
4. $\frac{2}{6}$
5. $\frac{5}{8}$
6. $\frac{4}{6}$
7. $\frac{3}{8}$
8. $\frac{1}{6}$
9. $\frac{1}{8}$
10. $\frac{4}{8}$
11. $\frac{6}{8}$
12. $\frac{2}{4}$
13. $\frac{2}{3}$
14. $\frac{1}{4}$
15. $\frac{1}{3}$
16. $\frac{5}{6}$
17. $\frac{2}{8}$
18. $\frac{3}{6}$

6

1) 2) 3)

4) 5) 6)

7) 8) 9)

10) 11) 12)

13) 14) 15)

16) 17) 18)

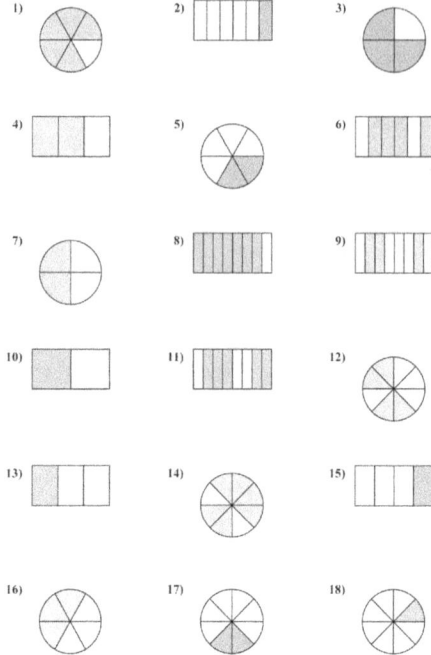

1. $\frac{5}{6}$
2. $\frac{1}{6}$
3. $\frac{3}{4}$
4. $\frac{2}{3}$
5. $\frac{2}{6}$
6. $\frac{4}{6}$
7. $\frac{2}{4}$
8. $\frac{7}{8}$
9. $\frac{3}{8}$
10. $\frac{1}{2}$
11. $\frac{5}{8}$
12. $\frac{4}{8}$
13. $\frac{1}{3}$
14. $\frac{6}{8}$
15. $\frac{1}{4}$
16. $\frac{3}{6}$
17. $\frac{2}{8}$
18. $\frac{1}{8}$

7

1) 2) 3)

4) 5) 6)

7) 8) 9)

10) 11) 12)

13) 14) 15)

16) 17) 18)

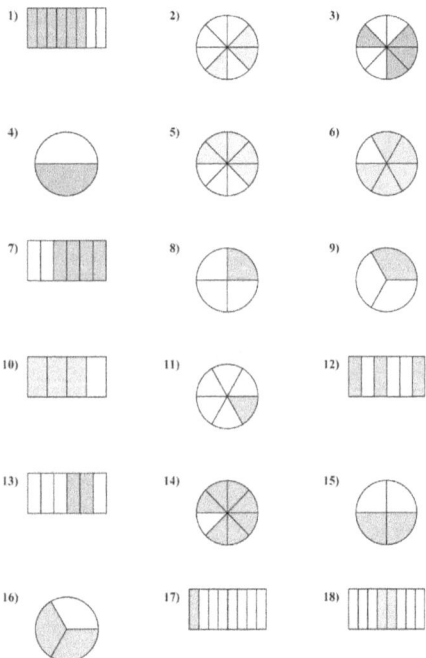

1. $\frac{6}{8}$
2. $\frac{3}{8}$
3. $\frac{4}{8}$
4. $\frac{1}{2}$
5. $\frac{5}{8}$
6. $\frac{5}{6}$
7. $\frac{4}{6}$
8. $\frac{1}{4}$
9. $\frac{1}{3}$
10. $\frac{3}{4}$
11. $\frac{1}{6}$
12. $\frac{3}{6}$
13. $\frac{2}{6}$
14. $\frac{7}{8}$
15. $\frac{2}{4}$
16. $\frac{2}{3}$
17. $\frac{1}{8}$
18. $\frac{2}{8}$

8

1) 2) 3)

4) 5) 6)

7) 8) 9)

10) 11) 12)

13) 14) 15)

16) 17) 18)

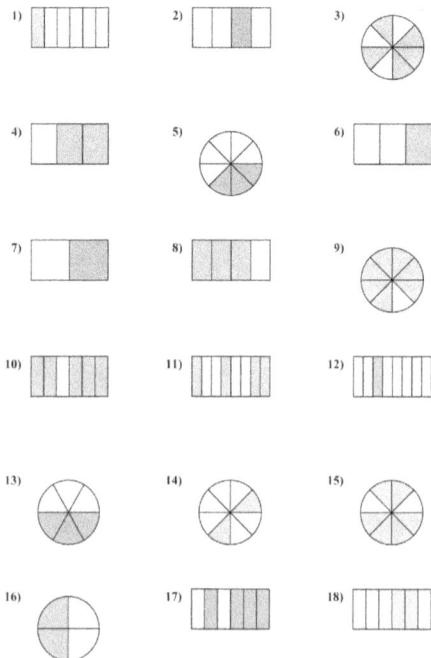

1. $\frac{1}{6}$
2. $\frac{1}{4}$
3. $\frac{5}{8}$
4. $\frac{2}{3}$
5. $\frac{3}{8}$
6. $\frac{1}{3}$
7. $\frac{1}{2}$
8. $\frac{2}{4}$
9. $\frac{7}{8}$
10. $\frac{5}{6}$
11. $\frac{4}{8}$
12. $\frac{1}{8}$
13. $\frac{3}{6}$
14. $\frac{2}{8}$
15. $\frac{6}{8}$
16. $\frac{2}{4}$
17. $\frac{4}{6}$
18. $\frac{2}{6}$

9

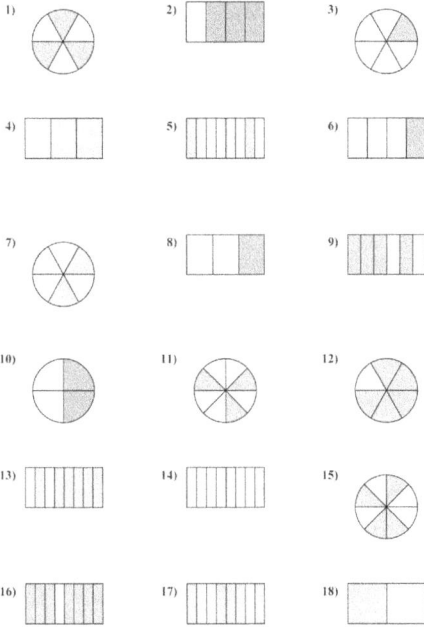

1. 3/6
2. 1/4
3. 1/6
4. 2/3
5. 2/8
6. 1/4
7. 2/6
8. 1/3
9. 4/6
10. 2/4
11. 3/8
12. 5/6
13. 6/8
14. 1/8
15. 4/8
16. 7/8
17. 5/8
18. 1/2

10

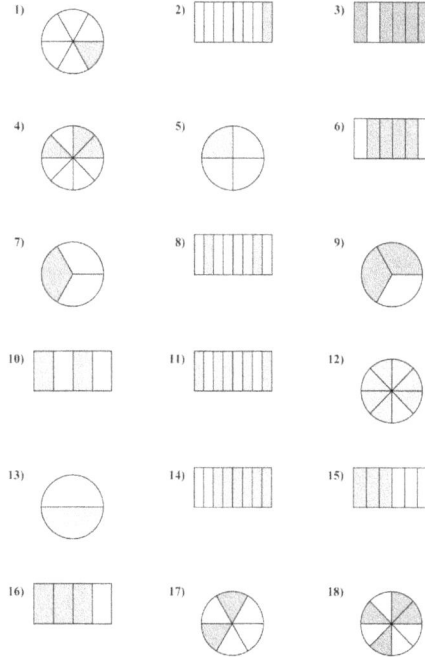

1. 1/6
2. 1/8
3. 5/6
4. 3/8
5. 1/4
6. 4/6
7. 1/3
8. 2/8
9. 2/3
10. 2/4
11. 5/8
12. 7/8
13. 1/2
14. 6/8
15. 1/6
16. 3/4
17. 2/6
18. 4/8

11

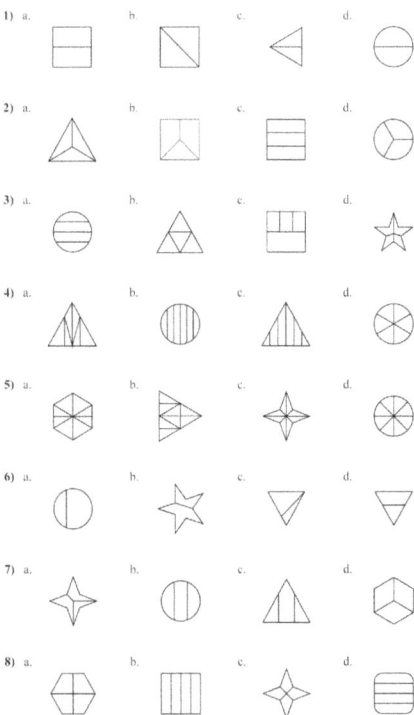

1. A,B,C,D
2. A,C,D
3. B
4. D
5. B,C,D
6. none
7. D
8. A,B,C

12

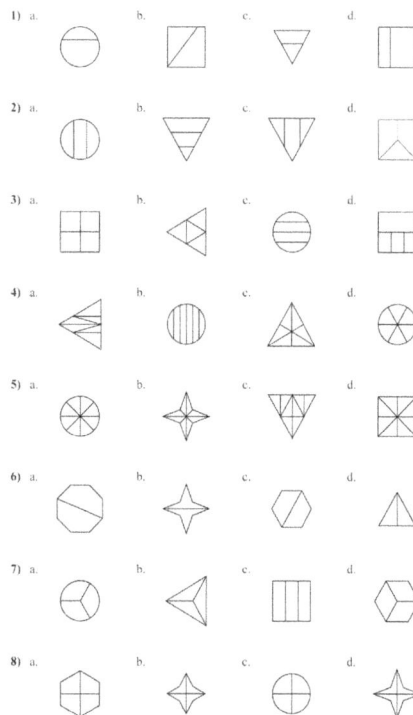

1. none
2. none
3. A,B
4. C,D
5. A,B,C,D
6. A,B,C,D
7. A,B,C,D
8. A,B,C,D

13

1) a.   b.   c.   d.

2) a.   b.   c.   d.

3) a.   b.   c.   d.

4) a.   b.   c.   d.

5) a.   b.   c.   d.

6) a.   b.   c.   d.

7) a.   b.   c.   d.

8) a.   b.   c.   d.

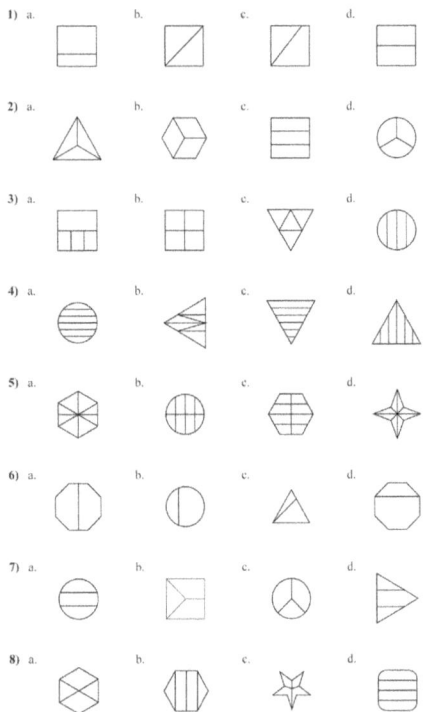

1. B,D
2. A,B,C,D
3. B,C
4. none
5. D
6. A
7. none
8. none

14

1) a.   b.   c.   d.

2) a.   b.   c.   d.

3) a.   b.   c.   d.

4) a.   b.   c.   d.

5) a.   b.   c.   d.

6) a.   b.   c.   d.

7) a.   b.   c.   d.

8) a.   b.   c.   d.

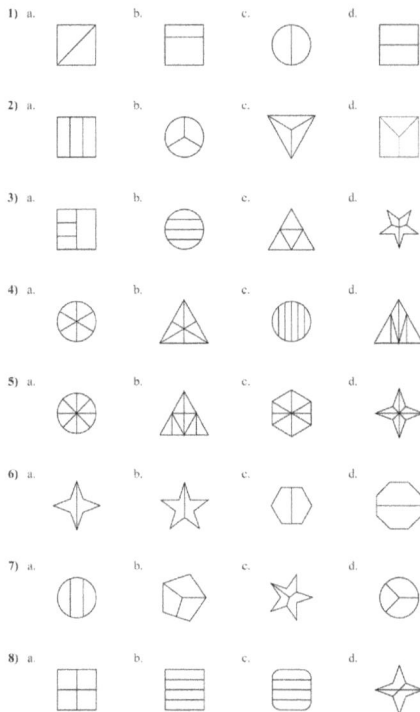

1. A,C,D
2. A,B,C
3. C
4. A,B
5. A,B,D
6. A,B,C,D
7. none
8. A,B

15

1) a.   b.   c.   d.

2) a.   b.   c.   d.

3) a.   b.   c.   d.

4) a.   b.   c.   d.

5) a.   b.   c.   d.

6) a.   b.   c.   d.

7) a.   b.   c.   d.

8) a.   b.   c.   d.

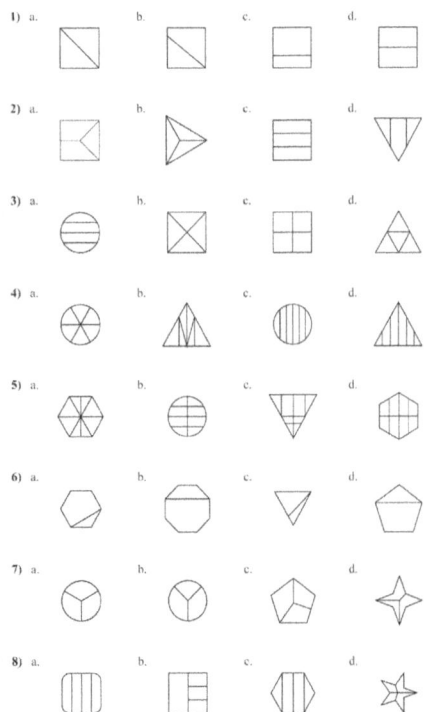

1. A,D
2. B,C
3. B,C,D
4. A
5. none
6. none
7. A
8. none

16

1) a.   b.   c.   d.

2) a.   b.   c.   d.

3) a.   b.   c.   d.

4) a.   b.   c.   d.

5) a.   b.   c.   d.

6) a.   b.   c.   d.

7) a.   b.   c.   d.

8) a.   b.   c.   d.

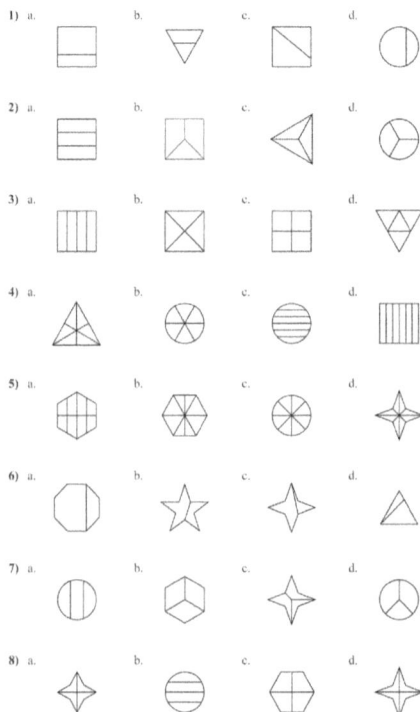

1. none
2. A,C,D
3. A,B,C,D
4. A,B,D
5. C,D
6. none
7. B
8. A,C,D

17

1) a. b. c. d.
2) a. b. c. d.
3) a. b. c. d.
4) a. b. c. d.
5) a. b. c. d.
6) a. b. c. d.
7) a. b. c. d.
8) a. b. c. d.

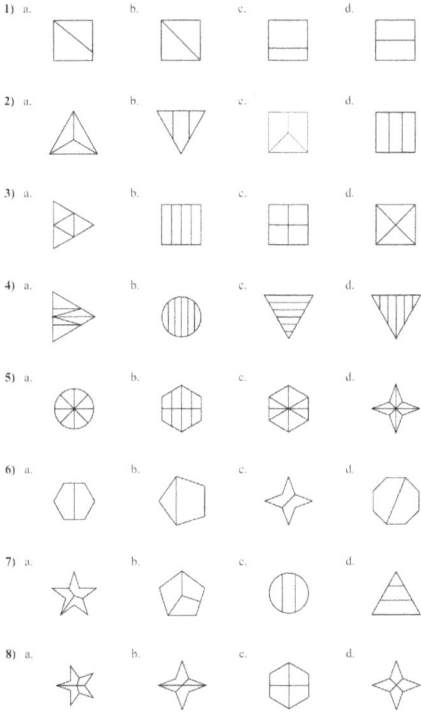

1. B,D
2. A,D
3. A,B,C,D
4. none
5. A,D
6. A,C,D
7. none
8. C,D

18

1) a. b. c. d.
2) a. b. c. d.
3) a. b. c. d.
4) a. b. c. d.
5) a. b. c. d.
6) a. b. c. d.
7) a. b. c. d.
8) a. b. c. d.

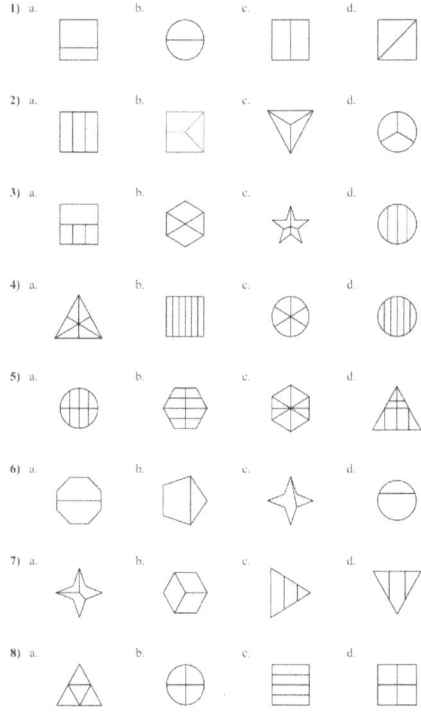

1. B,C,D
2. A,C,D
3. none
4. A,B,C
5. none
6. A
7. B
8. A,B,C,D

19

1) a. b. c. d.
2) a. b. c. d.
3) a. b. c. d.
4) a. b. c. d.
5) a. b. c. d.
6) a. b. c. d.
7) a. b. c. d.
8) a. b. c. d.

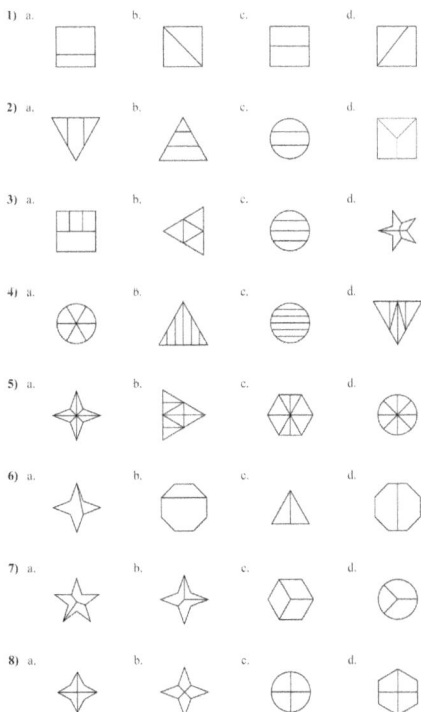

1. B,C
2. none
3. B
4. A
5. A,B,D
6. C,D
7. C
8. A,B,C,D

20

1) a. b. c. d.
2) a. b. c. d.
3) a. b. c. d.
4) a. b. c. d.
5) a. b. c. d.
6) a. b. c. d.
7) a. b. c. d.
8) a. b. c. d.

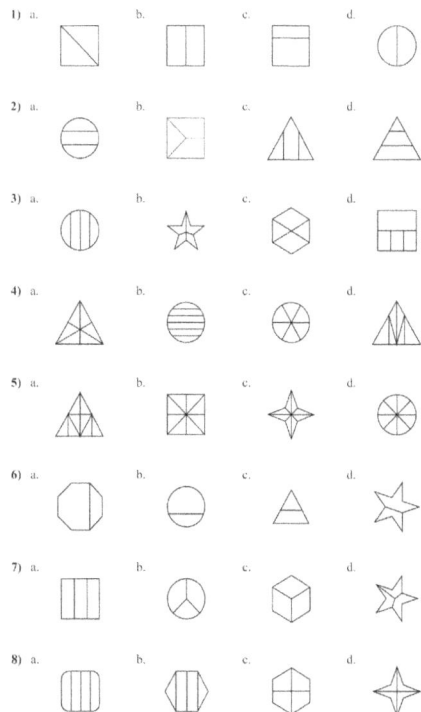

1. A,B,D
2. none
3. none
4. A,C
5. A,B,C,D
6. none
7. A,C
8. C,D

21

1) $\dfrac{8}{8}$ 2) $\dfrac{0}{7}$ 3) $\dfrac{0}{8}$ 4) $\dfrac{6}{12}$

5) $\dfrac{5}{10}$ 6) $\dfrac{3}{3}$ 7) $\dfrac{0}{6}$ 8) $\dfrac{0}{4}$

9) $\dfrac{9}{18}$ 10) $\dfrac{0}{2}$ 11) $\dfrac{3}{6}$ 12) $\dfrac{0}{9}$

13) $\dfrac{0}{5}$ 14) $\dfrac{4}{4}$ 15) $\dfrac{5}{5}$ 16) $\dfrac{7}{7}$

17) $\dfrac{4}{8}$ 18) $\dfrac{6}{6}$ 19) $\dfrac{2}{2}$ 20) $\dfrac{2}{4}$

1. _____ 1
2. _____ 0
3. _____ 0
4. _____ ½
5. _____ ½
6. _____ 1
7. _____ 0
8. _____ 0
9. _____ ½
10. _____ 0
11. _____ ½
12. _____ 0
13. _____ 0
14. _____ 1
15. _____ 1
16. _____ 1
17. _____ ½
18. _____ 1
19. _____ 1
20. _____ ½

22

1) $\dfrac{0}{7}$ 2) $\dfrac{3}{3}$ 3) $\dfrac{5}{5}$ 4) $\dfrac{8}{16}$

5) $\dfrac{9}{18}$ 6) $\dfrac{0}{4}$ 7) $\dfrac{0}{6}$ 8) $\dfrac{3}{6}$

9) $\dfrac{4}{8}$ 10) $\dfrac{0}{2}$ 11) $\dfrac{6}{6}$ 12) $\dfrac{6}{12}$

13) $\dfrac{0}{3}$ 14) $\dfrac{2}{2}$ 15) $\dfrac{5}{10}$ 16) $\dfrac{0}{8}$

17) $\dfrac{0}{5}$ 18) $\dfrac{7}{14}$ 19) $\dfrac{8}{8}$ 20) $\dfrac{9}{9}$

1. _____ 0
2. _____ 1
3. _____ 1
4. _____ ½
5. _____ ½
6. _____ 0
7. _____ 0
8. _____ ½
9. _____ ½
10. _____ 0
11. _____ 1
12. _____ ½
13. _____ 0
14. _____ 1
15. _____ ½
16. _____ 0
17. _____ 0
18. _____ ½
19. _____ 1
20. _____ 1

23

1) $\dfrac{0}{2}$ 2) $\dfrac{0}{4}$ 3) $\dfrac{2}{2}$ 4) $\dfrac{9}{18}$

5) $\dfrac{7}{7}$ 6) $\dfrac{0}{7}$ 7) $\dfrac{2}{4}$ 8) $\dfrac{0}{5}$

9) $\dfrac{0}{6}$ 10) $\dfrac{8}{8}$ 11) $\dfrac{9}{9}$ 12) $\dfrac{6}{12}$

13) $\dfrac{0}{8}$ 14) $\dfrac{6}{6}$ 15) $\dfrac{5}{10}$ 16) $\dfrac{7}{14}$

17) $\dfrac{8}{16}$ 18) $\dfrac{4}{4}$ 19) $\dfrac{4}{8}$ 20) $\dfrac{3}{3}$

1. _____ 0
2. _____ 0
3. _____ 1
4. _____ ½
5. _____ 1
6. _____ 0
7. _____ ½
8. _____ 0
9. _____ 0
10. _____ 1
11. _____ 1
12. _____ ½
13. _____ 0
14. _____ 1
15. _____ ½
16. _____ ½
17. _____ ½
18. _____ 1
19. _____ ½

24

1) $\dfrac{7}{14}$ 2) $\dfrac{0}{3}$ 3) $\dfrac{3}{3}$ 4) $\dfrac{6}{6}$

5) $\dfrac{0}{5}$ 6) $\dfrac{4}{8}$ 7) $\dfrac{0}{2}$ 8) $\dfrac{3}{6}$

9) $\dfrac{9}{9}$ 10) $\dfrac{6}{12}$ 11) $\dfrac{9}{18}$ 12) $\dfrac{0}{8}$

13) $\dfrac{5}{10}$ 14) $\dfrac{8}{16}$ 15) $\dfrac{0}{6}$ 16) $\dfrac{7}{7}$

17) $\dfrac{5}{5}$ 18) $\dfrac{2}{2}$ 19) $\dfrac{0}{7}$ 20) $\dfrac{8}{8}$

1. _____ ½
2. _____ 0
3. _____ 1
4. _____ 1
5. _____ 0
6. _____ ½
7. _____ 0
8. _____ ½
9. _____ 1
10. _____ ½
11. _____ ½
12. _____ 0
13. _____ ½
14. _____ ½
15. _____ 0
16. _____ 1
17. _____ 1
18. _____ 1
19. _____ 0
20. _____ 1

25

1) $\frac{5}{5}$ 2) $\frac{0}{4}$ 3) $\frac{3}{3}$ 4) $\frac{9}{9}$

5) $\frac{0}{6}$ 6) $\frac{4}{8}$ 7) $\frac{0}{8}$ 8) $\frac{0}{2}$

9) $\frac{6}{6}$ 10) $\frac{2}{2}$ 11) $\frac{6}{12}$ 12) $\frac{8}{8}$

13) $\frac{2}{4}$ 14) $\frac{8}{16}$ 15) $\frac{3}{6}$ 16) $\frac{7}{14}$

17) $\frac{0}{9}$ 18) $\frac{0}{7}$ 19) $\frac{5}{10}$ 20) $\frac{4}{4}$

1. 1
2. 0
3. 1
4. 1
5. 0
6. 1/2
7. 0
8. 0
9. 1
10. 1
11. 1/2
12. 1
13. 1/2
14. 1/2
15. 1/2
16. 1/2
17. 0
18. 0
19. 1/2
20. 1

26

1) $\frac{8}{8}$ 2) $\frac{2}{4}$ 3) $\frac{3}{6}$ 4) $\frac{0}{5}$

5) $\frac{0}{6}$ 6) $\frac{4}{8}$ 7) $\frac{0}{8}$ 8) $\frac{6}{12}$

9) $\frac{0}{3}$ 10) $\frac{0}{2}$ 11) $\frac{4}{4}$ 12) $\frac{7}{14}$

13) $\frac{0}{4}$ 14) $\frac{9}{18}$ 15) $\frac{2}{2}$ 16) $\frac{3}{3}$

17) $\frac{5}{10}$ 18) $\frac{6}{6}$ 19) $\frac{0}{7}$ 20) $\frac{5}{5}$

1. 1
2. 1/2
3. 1/2
4. 0
5. 0
6. 1/2
7. 0
8. 1/2
9. 0
10. 0
11. 1
12. 1/2
13. 0
14. 1/2
15. 1
16. 1
17. 1/2
18. 1
19. 0
20. 1

27

1) $\frac{3}{6}$ 2) $\frac{0}{6}$ 3) $\frac{2}{2}$ 4) $\frac{0}{3}$

5) $\frac{2}{4}$ 6) $\frac{8}{16}$ 7) $\frac{7}{14}$ 8) $\frac{4}{8}$

9) $\frac{4}{4}$ 10) $\frac{0}{8}$ 11) $\frac{9}{9}$ 12) $\frac{5}{5}$

13) $\frac{7}{7}$ 14) $\frac{0}{5}$ 15) $\frac{0}{2}$ 16) $\frac{0}{7}$

17) $\frac{0}{9}$ 18) $\frac{6}{12}$ 19) $\frac{6}{6}$ 20) $\frac{9}{18}$

1. 1/2
2. 0
3. 1
4. 0
5. 1/2
6. 1/2
7. 1/2
8. 1/2
9. 1
10. 0
11. 1
12. 1
13. 1
14. 0
15. 0
16. 0
17. 0
18. 1/2
19. 1
20. 1/2

28

1) $\frac{4}{8}$ 2) $\frac{3}{6}$ 3) $\frac{0}{3}$ 4) $\frac{0}{6}$

5) $\frac{6}{12}$ 6) $\frac{0}{5}$ 7) $\frac{0}{9}$ 8) $\frac{8}{16}$

9) $\frac{9}{9}$ 10) $\frac{2}{4}$ 11) $\frac{0}{7}$ 12) $\frac{2}{2}$

13) $\frac{7}{7}$ 14) $\frac{5}{10}$ 15) $\frac{8}{8}$ 16) $\frac{0}{2}$

17) $\frac{7}{14}$ 18) $\frac{0}{4}$ 19) $\frac{5}{5}$ 20) $\frac{6}{6}$

1. 1/2
2. 1/2
3. 0
4. 0
5. 1/2
6. 0
7. 0
8. 1/2
9. 1
10. 1/2
11. 0
12. 1
13. 1
14. 1/2
15. 1
16. 0
17. 1/2
18. 0
19. 1
20. 1

29

1) $\dfrac{9}{18}$ 2) $\dfrac{2}{4}$ 3) $\dfrac{5}{5}$ 4) $\dfrac{7}{7}$

5) $\dfrac{3}{6}$ 6) $\dfrac{3}{3}$ 7) $\dfrac{0}{3}$ 8) $\dfrac{0}{7}$

9) $\dfrac{0}{6}$ 10) $\dfrac{9}{9}$ 11) $\dfrac{8}{8}$ 12) $\dfrac{0}{4}$

13) $\dfrac{8}{16}$ 14) $\dfrac{0}{9}$ 15) $\dfrac{4}{8}$ 16) $\dfrac{5}{10}$

17) $\dfrac{0}{5}$ 18) $\dfrac{6}{12}$ 19) $\dfrac{4}{4}$ 20) $\dfrac{2}{2}$

1. $\tfrac{1}{2}$
2. $\tfrac{1}{2}$
3. 1
4. 1
5. $\tfrac{1}{2}$
6. 1
7. 0
8. 0
9. 0
10. 1
11. 1
12. 0
13. $\tfrac{1}{2}$
14. 0
15. $\tfrac{1}{2}$
16. $\tfrac{1}{2}$
17. 0
18. $\tfrac{1}{2}$
19. 1
20. 1

30

1) $\dfrac{5}{5}$ 2) $\dfrac{7}{14}$ 3) $\dfrac{5}{10}$ 4) $\dfrac{3}{3}$

5) $\dfrac{4}{8}$ 6) $\dfrac{0}{2}$ 7) $\dfrac{6}{6}$ 8) $\dfrac{0}{5}$

9) $\dfrac{3}{6}$ 10) $\dfrac{0}{9}$ 11) $\dfrac{8}{8}$ 12) $\dfrac{0}{8}$

13) $\dfrac{9}{18}$ 14) $\dfrac{0}{6}$ 15) $\dfrac{0}{4}$ 16) $\dfrac{4}{4}$

17) $\dfrac{0}{7}$ 18) $\dfrac{2}{2}$ 19) $\dfrac{6}{12}$ 20) $\dfrac{7}{7}$

1. 1
2. $\tfrac{1}{2}$
3. $\tfrac{1}{2}$
4. 1
5. $\tfrac{1}{2}$
6. 0
7. 1
8. 0
9. $\tfrac{1}{2}$
10. 0
11. 1
12. 0
13. $\tfrac{1}{2}$
14. 0
15. 0
16. 1
17. 0
18. 1
19. $\tfrac{1}{2}$
20. 1

31

1) $1\dfrac{1}{2} - 1\dfrac{1}{2} = 0\dfrac{0}{2}$
$\dfrac{3}{2} - \dfrac{3}{2} = \dfrac{0}{2}$

2) $8\dfrac{2}{4} - 6\dfrac{3}{4} = 1\dfrac{3}{4}$
$\dfrac{34}{4} - \dfrac{27}{4} = \dfrac{7}{4}$

3) $5\dfrac{2}{3} - 4\dfrac{1}{3} = 1\dfrac{1}{3}$
$\dfrac{17}{3} - \dfrac{13}{3} = \dfrac{4}{3}$

4) $4\dfrac{3}{5} - 4\dfrac{1}{5} = 0\dfrac{2}{5}$
$\dfrac{23}{5} - \dfrac{21}{5} = \dfrac{2}{5}$

5) $6\dfrac{1}{4} - 2\dfrac{1}{4} = 4\dfrac{0}{4}$
$\dfrac{25}{4} - \dfrac{9}{4} = \dfrac{16}{4}$

6) $9\dfrac{1}{2} - 5\dfrac{1}{2} = 4\dfrac{0}{2}$
$\dfrac{19}{2} - \dfrac{11}{2} = \dfrac{8}{2}$

7) $8\dfrac{1}{2} + 8\dfrac{1}{2} = 17\dfrac{0}{2}$
$\dfrac{17}{2} + \dfrac{17}{2} = \dfrac{34}{2}$

8) $4\dfrac{1}{4} + 2\dfrac{1}{4} = 6\dfrac{2}{4}$
$\dfrac{17}{4} + \dfrac{9}{4} = \dfrac{26}{4}$

9) $4\dfrac{3}{8} + 1\dfrac{7}{8} = 6\dfrac{2}{8}$
$\dfrac{35}{8} + \dfrac{15}{8} = \dfrac{50}{8}$

10) $5\dfrac{7}{8} + 5\dfrac{4}{8} = 11\dfrac{3}{8}$
$\dfrac{47}{8} + \dfrac{44}{8} = \dfrac{91}{8}$

11) $7\dfrac{5}{8} + 2\dfrac{7}{8} = 10\dfrac{4}{8}$
$\dfrac{61}{8} + \dfrac{23}{8} = \dfrac{84}{8}$

12) $4\dfrac{4}{8} + 1\dfrac{5}{8} = 6\dfrac{1}{8}$
$\dfrac{36}{8} + \dfrac{13}{8} = \dfrac{49}{8}$

1. $\dfrac{0}{2}$
2. $\dfrac{7}{4}$
3. $\dfrac{4}{3}$
4. $\dfrac{2}{5}$
5. $\dfrac{16}{4}$
6. $\dfrac{8}{2}$
7. $\dfrac{34}{2}$
8. $\dfrac{26}{4}$
9. $\dfrac{50}{8}$
10. $\dfrac{91}{8}$
11. $\dfrac{84}{8}$
12. $\dfrac{49}{8}$

32

1) $7\dfrac{4}{5} - 5\dfrac{4}{5} = 2\dfrac{0}{5}$
$\dfrac{39}{5} - \dfrac{29}{5} = \dfrac{10}{5}$

2) $7\dfrac{2}{3} - 5\dfrac{2}{3} = 2\dfrac{0}{3}$
$\dfrac{23}{3} - \dfrac{17}{3} = \dfrac{6}{3}$

3) $7\dfrac{2}{3} - 6\dfrac{2}{3} = 1\dfrac{0}{3}$
$\dfrac{23}{3} - \dfrac{20}{3} = \dfrac{3}{3}$

4) $9\dfrac{2}{10} - 1\dfrac{3}{10} = 7\dfrac{9}{10}$
$\dfrac{92}{10} - \dfrac{13}{10} = \dfrac{79}{10}$

5) $6\dfrac{9}{10} - 1\dfrac{1}{10} = 5\dfrac{8}{10}$
$\dfrac{69}{10} - \dfrac{11}{10} = \dfrac{58}{10}$

6) $9\dfrac{2}{3} - 6\dfrac{1}{3} = 3\dfrac{1}{3}$
$\dfrac{29}{3} - \dfrac{19}{3} = \dfrac{10}{3}$

7) $5\dfrac{4}{6} + 2\dfrac{1}{6} = 7\dfrac{5}{6}$
$\dfrac{34}{6} + \dfrac{13}{6} = \dfrac{47}{6}$

8) $7\dfrac{5}{8} + 5\dfrac{1}{8} = 12\dfrac{6}{8}$
$\dfrac{61}{8} + \dfrac{41}{8} = \dfrac{102}{8}$

9) $8\dfrac{3}{10} + 1\dfrac{3}{10} = 9\dfrac{6}{10}$
$\dfrac{83}{10} + \dfrac{13}{10} = \dfrac{96}{10}$

10) $2\dfrac{6}{8} + 1\dfrac{1}{8} = 3\dfrac{7}{8}$
$\dfrac{22}{8} + \dfrac{9}{8} = \dfrac{31}{8}$

11) $8\dfrac{1}{4} + 3\dfrac{3}{4} = 12\dfrac{0}{4}$
$\dfrac{33}{4} + \dfrac{15}{4} = \dfrac{48}{4}$

12) $7\dfrac{10}{12} + 2\dfrac{2}{12} = 10\dfrac{0}{12}$
$\dfrac{94}{12} + \dfrac{26}{12} = \dfrac{120}{12}$

1. $\dfrac{10}{5}$
2. $\dfrac{6}{3}$
3. $\dfrac{3}{3}$
4. $\dfrac{79}{10}$
5. $\dfrac{58}{10}$
6. $\dfrac{10}{3}$
7. $\dfrac{47}{6}$
8. $\dfrac{102}{8}$
9. $\dfrac{96}{10}$
10. $\dfrac{31}{8}$
11. $\dfrac{48}{4}$
12. $\dfrac{120}{12}$

33

1) $4\frac{1}{3} - 2\frac{1}{3} = 2\frac{0}{3}$
$\frac{13}{3} - \frac{7}{3} = \frac{6}{3}$

2) $5\frac{8}{10} - 4\frac{8}{10} = 1\frac{0}{10}$
$\frac{58}{10} - \frac{48}{10} = \frac{10}{10}$

3) $5\frac{1}{2} - 2\frac{1}{2} = 3\frac{0}{2}$
$\frac{11}{2} - \frac{5}{2} = \frac{6}{2}$

4) $9\frac{1}{5} - 3\frac{4}{5} = 5\frac{2}{5}$
$\frac{46}{5} - \frac{19}{5} = \frac{27}{5}$

5) $8\frac{7}{12} - 1\frac{3}{12} = 7\frac{4}{12}$
$\frac{103}{12} - \frac{15}{12} = \frac{88}{12}$

6) $9\frac{7}{12} - 3\frac{9}{12} = 5\frac{10}{12}$
$\frac{115}{12} - \frac{45}{12} = \frac{70}{12}$

7) $6\frac{1}{4} + 3\frac{3}{4} = 10\frac{0}{4}$
$\frac{25}{4} + \frac{15}{4} = \frac{40}{4}$

8) $8\frac{4}{5} + 2\frac{1}{5} = 11\frac{0}{5}$
$\frac{44}{5} + \frac{11}{5} = \frac{55}{5}$

9) $2\frac{9}{12} + 1\frac{4}{12} = 4\frac{1}{12}$
$\frac{33}{12} + \frac{16}{12} = \frac{49}{12}$

10) $3\frac{3}{4} + 3\frac{2}{4} = 7\frac{1}{4}$
$\frac{15}{4} + \frac{14}{4} = \frac{29}{4}$

11) $9\frac{4}{8} + 2\frac{6}{8} = 12\frac{2}{8}$
$\frac{76}{8} + \frac{22}{8} = \frac{98}{8}$

12) $1\frac{5}{10} + 1\frac{4}{10} = 2\frac{9}{10}$
$\frac{15}{10} + \frac{14}{10} = \frac{29}{10}$

1. $\frac{6}{3}$
2. $\frac{10}{10}$
3. $\frac{6}{2}$
4. $\frac{27}{5}$
5. $\frac{88}{12}$
6. $\frac{70}{12}$
7. $\frac{40}{4}$
8. $\frac{55}{5}$
9. $\frac{49}{12}$
10. $\frac{29}{4}$
11. $\frac{98}{8}$
12. $\frac{29}{10}$

34

1) $4\frac{2}{6} - 3\frac{4}{6} = 0\frac{4}{6}$
$\frac{26}{6} - \frac{22}{6} = \frac{4}{6}$

2) $6\frac{10}{12} - 1\frac{5}{12} = 5\frac{5}{12}$
$\frac{82}{12} - \frac{17}{12} = \frac{65}{12}$

3) $9\frac{5}{12} - 7\frac{1}{12} = 2\frac{4}{12}$
$\frac{113}{12} - \frac{85}{12} = \frac{28}{12}$

4) $6\frac{2}{5} - 3\frac{1}{5} = 3\frac{1}{5}$
$\frac{32}{5} - \frac{16}{5} = \frac{16}{5}$

5) $8\frac{7}{10} - 4\frac{8}{10} = 3\frac{9}{10}$
$\frac{87}{10} - \frac{48}{10} = \frac{39}{10}$

6) $9\frac{1}{2} - 7\frac{1}{2} = 2\frac{0}{2}$
$\frac{19}{2} - \frac{15}{2} = \frac{4}{2}$

7) $7\frac{4}{12} + 5\frac{4}{12} = 12\frac{8}{12}$
$\frac{88}{12} + \frac{64}{12} = \frac{152}{12}$

8) $8\frac{2}{3} + 1\frac{1}{3} = 15\frac{0}{3}$
$\frac{26}{3} + \frac{19}{3} = \frac{45}{3}$

9) $3\frac{4}{5} + 2\frac{2}{5} = 6\frac{1}{5}$
$\frac{19}{5} + \frac{11}{5} = \frac{30}{5}$

10) $9\frac{4}{8} + 7\frac{2}{8} = 16\frac{6}{8}$
$\frac{76}{8} + \frac{58}{8} = \frac{134}{8}$

11) $7\frac{7}{8} + 4\frac{5}{8} = 12\frac{4}{8}$
$\frac{63}{8} + \frac{37}{8} = \frac{100}{8}$

12) $8\frac{2}{3} + 5\frac{2}{3} = 14\frac{1}{3}$
$\frac{26}{3} + \frac{17}{3} = \frac{43}{3}$

1. $\frac{4}{6}$
2. $\frac{65}{12}$
3. $\frac{28}{12}$
4. $\frac{16}{5}$
5. $\frac{39}{10}$
6. $\frac{4}{2}$
7. $\frac{152}{12}$
8. $\frac{45}{3}$
9. $\frac{30}{5}$
10. $\frac{134}{8}$
11. $\frac{100}{8}$
12. $\frac{43}{3}$

35

1) $7\frac{1}{6} - 3\frac{4}{6} = 3\frac{3}{6}$
$\frac{43}{6} - \frac{22}{6} = \frac{21}{6}$

2) $6\frac{1}{12} - 3\frac{11}{12} = 2\frac{2}{12}$
$\frac{73}{12} - \frac{47}{12} = \frac{26}{12}$

3) $8\frac{1}{4} - 6\frac{3}{4} = 1\frac{2}{4}$
$\frac{33}{4} - \frac{27}{4} = \frac{6}{4}$

4) $7\frac{1}{2} - 6\frac{1}{2} = 1\frac{0}{2}$
$\frac{15}{2} - \frac{13}{2} = \frac{2}{2}$

5) $6\frac{2}{5} - 5\frac{2}{5} = 1\frac{0}{5}$
$\frac{32}{5} - \frac{27}{5} = \frac{5}{5}$

6) $8\frac{3}{5} - 2\frac{2}{5} = 6\frac{1}{5}$
$\frac{43}{5} - \frac{12}{5} = \frac{31}{5}$

7) $7\frac{1}{10} + 4\frac{5}{10} = 11\frac{6}{10}$
$\frac{71}{10} + \frac{45}{10} = \frac{116}{10}$

8) $9\frac{1}{12} + 8\frac{4}{12} = 17\frac{5}{12}$
$\frac{109}{12} + \frac{100}{12} = \frac{209}{12}$

9) $8\frac{1}{5} + 5\frac{4}{5} = 14\frac{0}{5}$
$\frac{41}{5} + \frac{29}{5} = \frac{70}{5}$

10) $8\frac{3}{10} + 7\frac{4}{10} = 15\frac{7}{10}$
$\frac{83}{10} + \frac{74}{10} = \frac{157}{10}$

11) $8\frac{3}{4} + 4\frac{3}{4} = 13\frac{2}{4}$
$\frac{35}{4} + \frac{19}{4} = \frac{54}{4}$

12) $7\frac{1}{3} + 3\frac{1}{3} = 10\frac{2}{3}$
$\frac{22}{3} + \frac{10}{3} = \frac{32}{3}$

1. $\frac{21}{6}$
2. $\frac{26}{12}$
3. $\frac{6}{4}$
4. $\frac{2}{2}$
5. $\frac{5}{5}$
6. $\frac{31}{5}$
7. $\frac{116}{10}$
8. $\frac{209}{12}$
9. $\frac{70}{5}$
10. $\frac{157}{10}$
11. $\frac{54}{4}$
12. $\frac{32}{3}$

36

1) $7\frac{1}{6} - 3\frac{4}{6} = 3\frac{3}{6}$
$\frac{43}{6} - \frac{22}{6} = \frac{21}{6}$

2) $6\frac{1}{12} - 3\frac{11}{12} = 2\frac{2}{12}$
$\frac{73}{12} - \frac{43}{12} = \frac{26}{12}$

3) $8\frac{1}{4} - 6\frac{3}{4} = 1\frac{2}{4}$
$\frac{33}{4} - \frac{27}{4} = \frac{6}{4}$

4) $7\frac{1}{2} - 6\frac{1}{2} = 1\frac{0}{2}$
$\frac{15}{2} - \frac{13}{2} = \frac{2}{2}$

5) $6\frac{2}{5} - 5\frac{2}{5} = 1\frac{0}{5}$
$\frac{32}{5} - \frac{27}{5} = \frac{5}{5}$

6) $8\frac{3}{5} - 2\frac{2}{5} = 6\frac{1}{5}$
$\frac{43}{5} - \frac{12}{5} = \frac{31}{5}$

7) $7\frac{1}{10} + 4\frac{5}{10} = 11\frac{6}{10}$
$\frac{71}{10} + \frac{45}{10} = \frac{116}{10}$

8) $9\frac{1}{12} + 8\frac{4}{12} = 17\frac{5}{12}$
$\frac{109}{12} + \frac{100}{12} = \frac{209}{12}$

9) $8\frac{1}{5} + 5\frac{4}{5} = 14\frac{0}{5}$
$\frac{41}{5} + \frac{29}{5} = \frac{70}{5}$

10) $8\frac{3}{10} + 7\frac{4}{10} = 15\frac{7}{10}$
$\frac{83}{10} + \frac{74}{10} = \frac{157}{10}$

11) $8\frac{3}{4} + 4\frac{3}{4} = 13\frac{2}{4}$
$\frac{35}{4} + \frac{19}{4} = \frac{54}{4}$

12) $7\frac{1}{3} + 3\frac{1}{3} = 10\frac{2}{3}$
$\frac{22}{3} + \frac{10}{3} = \frac{32}{3}$

1. $\frac{21}{6}$
2. $\frac{26}{12}$
3. $\frac{6}{4}$
4. $\frac{2}{2}$
5. $\frac{5}{5}$
6. $\frac{31}{5}$
7. $\frac{116}{10}$
8. $\frac{209}{12}$
9. $\frac{70}{5}$
10. $\frac{157}{10}$
11. $\frac{54}{4}$
12. $\frac{32}{3}$

37

1) $8\frac{1}{10} - 2\frac{4}{10} = 5\frac{7}{10}$
$\frac{81}{10} - \frac{24}{10} = \frac{57}{10}$

2) $9\frac{5}{12} - 7\frac{7}{12} = 1\frac{10}{12}$
$\frac{113}{12} - \frac{91}{12} = \frac{22}{12}$

3) $7\frac{5}{10} - 2\frac{5}{10} = 5\frac{0}{10}$
$\frac{25}{10} - \frac{25}{10} = \frac{50}{10}$

4) $9\frac{1}{12} - 3\frac{4}{12} = 5\frac{9}{12}$
$\frac{109}{12} - \frac{40}{12} = \frac{69}{12}$

5) $7\frac{4}{5} - 5\frac{2}{5} = 2\frac{2}{5}$
$\frac{39}{5} - \frac{27}{5} = \frac{12}{5}$

6) $5\frac{1}{4} - 3\frac{2}{4} = 1\frac{3}{4}$
$\frac{21}{4} - \frac{14}{4} = \frac{7}{4}$

7) $4\frac{1}{5} + 2\frac{4}{5} = 7\frac{0}{5}$
$\frac{21}{5} + \frac{14}{5} = \frac{35}{5}$

8) $8\frac{2}{8} + 5\frac{5}{8} = 13\frac{7}{8}$
$\frac{66}{8} + \frac{45}{8} = \frac{111}{8}$

9) $9\frac{4}{6} + 8\frac{3}{6} = 18\frac{1}{6}$
$\frac{58}{6} + \frac{51}{6} = \frac{109}{6}$

10) $4\frac{2}{10} + 3\frac{7}{10} = 7\frac{9}{10}$
$\frac{42}{10} + \frac{37}{10} = \frac{79}{10}$

11) $6\frac{3}{8} + 1\frac{7}{8} = 8\frac{2}{8}$
$\frac{51}{8} + \frac{15}{8} = \frac{66}{8}$

12) $7\frac{1}{2} + 3\frac{2}{2} = 11\frac{0}{2}$
$\frac{15}{2} + \frac{7}{2} = \frac{22}{2}$

1. $^{57}/_{10}$
2. $^{22}/_{12}$
3. $^{50}/_{10}$
4. $^{69}/_{12}$
5. $^{12}/_{5}$
6. $^{7}/_{4}$
7. $^{35}/_{5}$
8. $^{111}/_{8}$
9. $^{109}/_{6}$
10. $^{79}/_{10}$
11. $^{66}/_{8}$
12. $^{22}/_{2}$

38

1) $8\frac{4}{8} - 6\frac{7}{8} = 1\frac{5}{8}$
$\frac{68}{8} - \frac{55}{8} = \frac{13}{8}$

2) $5\frac{1}{12} - 3\frac{8}{12} = 1\frac{5}{12}$
$\frac{61}{12} - \frac{44}{12} = \frac{17}{12}$

3) $8\frac{3}{4} - 8\frac{1}{4} = 0\frac{2}{4}$
$\frac{35}{4} - \frac{33}{4} = \frac{2}{4}$

4) $4\frac{1}{3} - 1\frac{3}{3} = 5\frac{9}{3}$
$\frac{13}{3} - \frac{4}{3} = \frac{9}{3}$

5) $6\frac{2}{4} - 3\frac{2}{4} = 3\frac{0}{4}$
$\frac{26}{4} - \frac{14}{4} = \frac{12}{4}$

6) $6\frac{2}{8} - 1\frac{1}{8} = 5\frac{1}{8}$
$\frac{50}{8} - \frac{9}{8} = \frac{41}{8}$

7) $4\frac{2}{3} + 3\frac{1}{3} = 8\frac{0}{3}$
$\frac{14}{3} + \frac{10}{3} = \frac{24}{3}$

8) $8\frac{1}{6} + 4\frac{5}{6} = 13\frac{0}{6}$
$\frac{49}{6} + \frac{29}{6} = \frac{78}{6}$

9) $6\frac{7}{10} + 5\frac{8}{10} = 12\frac{5}{10}$
$\frac{67}{10} + \frac{58}{10} = \frac{125}{10}$

10) $8\frac{2}{10} + 3\frac{2}{10} = 11\frac{4}{10}$
$\frac{82}{10} + \frac{32}{10} = \frac{114}{10}$

11) $4\frac{1}{2} + 2\frac{1}{2} = 7\frac{0}{2}$
$\frac{9}{2} + \frac{5}{2} = \frac{14}{2}$

12) $7\frac{8}{10} - 2\frac{7}{10} = 10\frac{5}{10}$
$\frac{78}{10} + \frac{27}{10} = \frac{105}{10}$

1. $^{13}/_{8}$
2. $^{17}/_{12}$
3. $^{2}/_{4}$
4. $^{9}/_{3}$
5. $^{12}/_{4}$
6. $^{41}/_{8}$
7. $^{24}/_{3}$
8. $^{78}/_{6}$
9. $^{125}/_{10}$
10. $^{114}/_{10}$
11. $^{14}/_{2}$
12. $^{105}/_{10}$

39

1) $5\frac{2}{4} - 3\frac{3}{4} = 1\frac{3}{4}$
$\frac{22}{4} - \frac{15}{4} = \frac{7}{4}$

2) $9\frac{5}{8} - 6\frac{4}{8} = 3\frac{1}{8}$
$\frac{77}{8} - \frac{52}{8} = \frac{25}{8}$

3) $9\frac{10}{12} - 9\frac{9}{12} = 0\frac{1}{12}$
$\frac{118}{12} - \frac{117}{12} = \frac{1}{12}$

4) $5\frac{1}{2} - 4\frac{1}{2} = 1\frac{0}{2}$
$\frac{11}{2} - \frac{9}{2} = \frac{2}{2}$

5) $9\frac{2}{3} - 5\frac{2}{3} = 4\frac{0}{3}$
$\frac{29}{3} - \frac{17}{3} = \frac{12}{3}$

6) $5\frac{3}{5} - 4\frac{2}{5} = 1\frac{1}{5}$
$\frac{28}{5} - \frac{22}{5} = \frac{6}{5}$

7) $7\frac{9}{12} + 1\frac{4}{12} = 9\frac{1}{12}$
$\frac{93}{12} + \frac{16}{12} = \frac{109}{12}$

8) $5\frac{4}{10} + 4\frac{5}{10} = 9\frac{9}{10}$
$\frac{34}{10} + \frac{45}{10} = \frac{99}{10}$

9) $7\frac{7}{8} + 5\frac{5}{8} = 13\frac{4}{8}$
$\frac{63}{8} + \frac{45}{8} = \frac{108}{8}$

10) $6\frac{2}{6} + 5\frac{1}{6} = 11\frac{3}{6}$
$\frac{38}{6} + \frac{31}{6} = \frac{69}{6}$

11) $4\frac{3}{5} + 1\frac{2}{5} = 6\frac{0}{5}$
$\frac{23}{5} + \frac{7}{5} = \frac{30}{5}$

12) $1\frac{2}{3} + 1\frac{2}{3} = 3\frac{1}{3}$
$\frac{5}{3} + \frac{5}{3} = \frac{10}{3}$

1. $^{7}/_{4}$
2. $^{25}/_{8}$
3. $^{1}/_{12}$
4. $^{2}/_{2}$
5. $^{12}/_{3}$
6. $^{6}/_{5}$
7. $^{109}/_{12}$
8. $^{99}/_{10}$
9. $^{108}/_{8}$
10. $^{69}/_{6}$
11. $^{30}/_{5}$
12. $^{10}/_{3}$

40

1) $9\frac{5}{12} - 6\frac{7}{12} = 2\frac{10}{12}$
$\frac{113}{12} - \frac{79}{12} = \frac{34}{12}$

2) $5\frac{5}{8} - 1\frac{5}{8} = 4\frac{0}{8}$
$\frac{45}{8} - \frac{13}{8} = \frac{32}{8}$

3) $5\frac{2}{6} - 3\frac{5}{6} = 1\frac{3}{6}$
$\frac{32}{6} - \frac{23}{6} = \frac{9}{6}$

4) $7\frac{7}{8} - 6\frac{1}{8} = 1\frac{6}{8}$
$\frac{63}{8} - \frac{49}{8} = \frac{14}{8}$

5) $7\frac{5}{12} - 3\frac{2}{12} = 4\frac{3}{12}$
$\frac{89}{12} - \frac{38}{12} = \frac{51}{12}$

6) $1\frac{3}{5} - 1\frac{1}{5} = 0\frac{2}{5}$
$\frac{8}{5} - \frac{6}{5} = \frac{2}{5}$

7) $6\frac{3}{5} + 3\frac{1}{5} = 9\frac{4}{5}$
$\frac{33}{5} + \frac{16}{5} = \frac{49}{5}$

8) $7\frac{3}{6} + 7\frac{1}{6} = 14\frac{4}{6}$
$\frac{45}{6} + \frac{43}{6} = \frac{88}{6}$

9) $9\frac{2}{3} + 6\frac{1}{3} = 16\frac{0}{3}$
$\frac{29}{3} + \frac{19}{3} = \frac{48}{3}$

10) $6\frac{2}{3} + 4\frac{2}{3} = 11\frac{1}{3}$
$\frac{20}{3} + \frac{14}{3} = \frac{34}{3}$

11) $9\frac{1}{4} + 5\frac{2}{4} = 14\frac{3}{4}$
$\frac{37}{4} + \frac{22}{4} = \frac{59}{4}$

12) $5\frac{3}{8} - 2\frac{7}{8} = 8\frac{2}{8}$
$\frac{43}{8} + \frac{23}{8} = \frac{66}{8}$

1. $^{34}/_{12}$
2. $^{32}/_{8}$
3. $^{9}/_{6}$
4. $^{14}/_{8}$
5. $^{51}/_{12}$
6. $^{2}/_{5}$
7. $^{49}/_{5}$
8. $^{88}/_{6}$
9. $^{48}/_{3}$
10. $^{34}/_{3}$
11. $^{59}/_{4}$
12. $^{66}/_{8}$

41

1) $2\frac{1}{3} - 1\frac{2}{3}$

2) $3\frac{1}{4} - 1\frac{3}{4}$

3) $6\frac{1}{8} - 4\frac{4}{8} =$

4) $2\frac{2}{7} - 1\frac{5}{7} =$

5) $10\frac{1}{3} - 1\frac{2}{3} =$

6) $7\frac{2}{5} - 2\frac{4}{5}$

7) $4\frac{1}{10} - 1\frac{4}{10}$

8) $5\frac{1}{7} - 2\frac{5}{7}$

9) $9\frac{4}{9} - 3\frac{7}{9}$

10) $8\frac{1}{3} - 6\frac{2}{3}$

11) $8\frac{2}{4} - 5\frac{3}{4}$

12) $2\frac{4}{8} - 1\frac{5}{8}$

13) $5\frac{5}{7} - 1\frac{6}{7}$

14) $8\frac{4}{10} - 3\frac{8}{10}$

15) $6\frac{1}{3} - 2\frac{2}{3}$

16) $9\frac{1}{7} - 7\frac{2}{7}$

1. $2/3$
2. $1\frac{3}{4}$
3. $1\frac{5}{8}$
4. $4/7$
5. $8\frac{2}{3}$
6. $4\frac{3}{5}$
7. $2\frac{7}{10}$
8. $2\frac{3}{7}$
9. $5\frac{6}{9}$
10. $1\frac{2}{3}$
11. $2\frac{3}{4}$
12. $7/8$
13. $3\frac{6}{7}$
14. $4\frac{6}{10}$
15. $3\frac{2}{3}$
16. $1\frac{6}{7}$

42

1) $5\frac{3}{6} - 2\frac{4}{6}$

2) $10\frac{1}{5} - 7\frac{2}{5}$

3) $7\frac{2}{10} - 4\frac{8}{10} =$

4) $3\frac{1}{3} - 1\frac{2}{3}$

5) $4\frac{1}{4} - 3\frac{2}{4}$

6) $2\frac{1}{8} - 1\frac{2}{8}$

7) $9\frac{4}{10} - 5\frac{8}{10}$

8) $4\frac{1}{3} - 1\frac{2}{3}$

9) $6\frac{4}{9} - 3\frac{4}{9}$

10) $5\frac{1}{3} - 1\frac{2}{3}$

11) $8\frac{1}{3} - 1\frac{2}{3}$

12) $6\frac{1}{5} - 4\frac{2}{5}$

13) $5\frac{1}{9} - 3\frac{7}{9}$

14) $6\frac{1}{7} - 5\frac{3}{7}$

15) $6\frac{2}{6} - 3\frac{3}{6} =$

16) $9\frac{5}{8} - 6\frac{6}{8}$

1. $2\frac{5}{9}$
2. $2\frac{3}{8}$
3. $2\frac{4}{10}$
4. $1\frac{3}{4}$
5. $1/4$
6. $7/8$
7. $3\frac{9}{10}$
8. $2\frac{3}{3}$
9. $2\frac{6}{9}$
10. $3\frac{2}{3}$
11. $6\frac{2}{3}$
12. $1\frac{4}{5}$
13. $1\frac{9}{9}$
14. $5/7$
15. $2\frac{5}{6}$
16. $5\frac{7}{8}$

43

1) $6\frac{6}{9} - 5\frac{7}{9} =$

2) $9\frac{1}{8} - 7\frac{2}{8}$

3) $10\frac{8}{10} - 2\frac{9}{10} =$

4) $6\frac{4}{7} - 3\frac{6}{7}$

5) $2\frac{1}{3} - 1\frac{2}{3}$

6) $8\frac{1}{4} - 3\frac{3}{4}$

7) $4\frac{2}{10} - 1\frac{5}{10} =$

8) $2\frac{8}{10} - 1\frac{9}{10} =$

9) $6\frac{1}{4} - 2\frac{3}{4}$

10) $10\frac{1}{3} - 7\frac{2}{3}$

11) $6\frac{1}{7} - 4\frac{2}{7}$

12) $3\frac{2}{5} - 1\frac{3}{5}$

13) $5\frac{2}{6} - 4\frac{4}{6} =$

14) $9\frac{1}{3} - 4\frac{2}{3}$

15) $7\frac{1}{10} - 6\frac{3}{10} =$

16) $10\frac{1}{6} - 4\frac{4}{6}$

1. $8/9$
2. $1\frac{7}{8}$
3. $7\frac{9}{10}$
4. $2\frac{5}{7}$
5. $2/3$
6. $4\frac{2}{4}$
7. $2\frac{7}{10}$
8. $9/10$
9. $3\frac{2}{4}$
10. $2\frac{2}{3}$
11. $1\frac{6}{7}$
12. $1\frac{4}{5}$
13. $5/6$
14. $4\frac{2}{3}$
15. $8/10$
16. $5\frac{4}{6}$

44

1) $4\frac{1}{3} - 2\frac{2}{3}$

2) $5\frac{2}{7} - 3\frac{6}{7}$

3) $4\frac{2}{8} - 3\frac{5}{8}$

4) $5\frac{1}{3} - 3\frac{2}{3} =$

5) $9\frac{2}{10} - 3\frac{3}{10} =$

6) $10\frac{2}{7} - 9\frac{3}{7} =$

7) $6\frac{2}{10} - 2\frac{5}{10}$

8) $2\frac{1}{6} - 1\frac{2}{6}$

9) $9\frac{2}{7} - 1\frac{3}{7}$

10) $6\frac{6}{9} - 5\frac{7}{9}$

11) $6\frac{1}{3} - 4\frac{2}{3}$

12) $5\frac{4}{6} - 2\frac{5}{6}$

13) $7\frac{1}{10} - 5\frac{2}{10} =$

14) $5\frac{1}{4} - 1\frac{3}{4}$

15) $6\frac{2}{10} - 5\frac{4}{10}$

16) $7\frac{3}{7} - 2\frac{5}{7} =$

1. $1\frac{2}{3}$
2. $1\frac{3}{7}$
3. $5/8$
4. $1\frac{2}{3}$
5. $5\frac{9}{10}$
6. $6/7$
7. $3\frac{7}{10}$
8. $5/6$
9. $7\frac{6}{7}$
10. $8/9$
11. $1\frac{2}{3}$
12. $2\frac{5}{6}$
13. $1\frac{9}{10}$
14. $3\frac{2}{4}$
15. $8/10$
16. $4\frac{5}{7}$

45

1) $10\frac{1}{4} - 2\frac{2}{4} =$

   $9\frac{5}{4} - 2\frac{2}{4} = 7\frac{3}{4}$

2) $4\frac{6}{9} - 1\frac{8}{9} =$

   $3\frac{15}{9} - 1\frac{8}{9} = 2\frac{7}{9}$

3) $9\frac{1}{3} - 5\frac{2}{3} =$

   $8\frac{4}{3} - 5\frac{2}{3} = 3\frac{2}{3}$

4) $8\frac{1}{6} - 6\frac{4}{6} =$

   $7\frac{7}{6} - 6\frac{4}{6} = 1\frac{3}{6}$

5) $6\frac{2}{8} - 1\frac{5}{8} =$

   $5\frac{10}{8} - 1\frac{5}{8} = 4\frac{5}{8}$

6) $3\frac{1}{8} - 2\frac{6}{8} =$

   $2\frac{9}{8} - 2\frac{6}{8} = \frac{3}{8}$

7) $6\frac{2}{9} - 5\frac{6}{9} =$

   $5\frac{11}{9} - 5\frac{6}{9} = \frac{5}{9}$

8) $10\frac{1}{7} - 7\frac{5}{7} =$

   $9\frac{8}{7} - 7\frac{5}{7} = 2\frac{3}{7}$

9) $8\frac{1}{3} - 2\frac{2}{3} =$

   $7\frac{4}{3} - 2\frac{2}{3} = 5\frac{2}{3}$

10) $2\frac{1}{5} - \frac{3}{5} =$

   $1\frac{6}{5} - \frac{3}{5} = \frac{3}{5}$

11) $4\frac{1}{4} - 1\frac{2}{4} =$

   $3\frac{5}{4} - 1\frac{2}{4} = 2\frac{3}{4}$

12) $6\frac{1}{6} - \frac{2}{6} =$

   $5\frac{7}{6} - \frac{2}{6} = 4\frac{5}{6}$

13) $6\frac{3}{10} - 5\frac{7}{10} =$

   $5\frac{13}{10} - 5\frac{7}{10} = \frac{6}{10}$

14) $8\frac{1}{8} - 2\frac{2}{8} =$

   $7\frac{9}{8} - 2\frac{2}{8} = 5\frac{7}{8}$

15) $3\frac{1}{6} - 2\frac{4}{6} =$

16) $8\frac{2}{7} - 2\frac{3}{7} =$

Answer key (45)
1. $7\frac{3}{4}$
2. $2\frac{7}{9}$
3. $3\frac{2}{3}$
4. $1\frac{3}{6}$
5. $4\frac{5}{8}$
6. $\frac{3}{8}$
7. $\frac{5}{9}$
8. $2\frac{3}{7}$
9. $5\frac{2}{3}$
10. $\frac{3}{5}$
11. $2\frac{3}{4}$
12. $4\frac{5}{6}$
13. $\frac{6}{10}$
14. $5\frac{7}{8}$
15. $\frac{3}{6}$
16. $5\frac{6}{7}$

46

1) $8\frac{1}{4} - 7\frac{2}{4} =$

   $7\frac{5}{4} - 7\frac{2}{4} = \frac{3}{4}$

2) $7\frac{2}{5} - 4\frac{4}{5} =$

   $6\frac{7}{5} - 4\frac{4}{5} = 2\frac{3}{5}$

3) $8\frac{4}{8} - 3\frac{6}{8} =$

   $7\frac{12}{8} - 3\frac{6}{8} = 4\frac{6}{8}$

4) $7\frac{3}{9} - 5\frac{5}{9} =$

   $6\frac{12}{9} - 5\frac{5}{9} = 1\frac{7}{9}$

5) $2\frac{2}{5} - 1\frac{3}{5} =$

   $1\frac{7}{5} - 1\frac{3}{5} = \frac{4}{5}$

6) $5\frac{2}{10} - 1\frac{3}{10} =$

   $4\frac{12}{10} - 1\frac{3}{10} = 3\frac{9}{10}$

7) $2\frac{1}{7} - 1\frac{2}{7} =$

   $1\frac{8}{7} - 1\frac{2}{7} = \frac{6}{7}$

8) $9\frac{2}{4} - 5\frac{3}{4} =$

   $8\frac{6}{4} - 5\frac{3}{4} = 3\frac{3}{4}$

9) $2\frac{7}{9} - \frac{8}{9} =$

   $1\frac{16}{9} - \frac{8}{9} = \frac{8}{9}$

10) $9\frac{1}{8} - \frac{5}{8} =$

   $8\frac{9}{8} - \frac{5}{8} = 7\frac{4}{8}$

11) $2\frac{1}{8} - 1\frac{2}{8} =$

   $1\frac{9}{8} - 1\frac{2}{8} = \frac{7}{8}$

12) $2\frac{4}{10} - \frac{8}{10} =$

   $1\frac{14}{10} - \frac{8}{10} = \frac{6}{10}$

13) $5\frac{1}{3} - 4\frac{2}{3} =$

   $4\frac{4}{3} - 4\frac{2}{3} = \frac{2}{3}$

14) $10\frac{3}{10} - 7\frac{7}{10} =$

   $9\frac{13}{10} - 7\frac{7}{10} = 2\frac{6}{10}$

15) $10\frac{1}{4} - 5\frac{2}{4} =$

16) $4\frac{2}{5} - 2\frac{4}{5} =$

Answer key (46)
1. $\frac{3}{4}$
2. $2\frac{3}{5}$
3. $4\frac{6}{8}$
4. $1\frac{7}{9}$
5. $\frac{4}{5}$
6. $3\frac{9}{10}$
7. $\frac{6}{7}$
8. $3\frac{3}{4}$
9. $\frac{8}{9}$
10. $7\frac{4}{8}$
11. $\frac{7}{8}$
12. $\frac{6}{10}$
13. $\frac{2}{3}$
14. $2\frac{6}{10}$
15. $4\frac{3}{4}$
16. $1\frac{3}{5}$

47

1) $2\frac{1}{4} - 1\frac{2}{4} =$

   $1\frac{5}{4} - 1\frac{2}{4} = \frac{3}{4}$

2) $7\frac{1}{3} - 6\frac{2}{3} =$

   $6\frac{4}{3} - 6\frac{2}{3} = \frac{2}{3}$

3) $9\frac{1}{8} - 7\frac{4}{8} =$

   $8\frac{9}{8} - 7\frac{4}{8} = 1\frac{5}{8}$

4) $8\frac{1}{6} - 1\frac{4}{6} =$

   $7\frac{7}{6} - 1\frac{4}{6} = 6\frac{3}{6}$

5) $10\frac{1}{3} - 2\frac{2}{3} =$

   $9\frac{4}{3} - 2\frac{2}{3} = 7\frac{2}{3}$

6) $8\frac{3}{7} - 7\frac{4}{7} =$

   $7\frac{10}{7} - 7\frac{4}{7} = \frac{6}{7}$

7) $5\frac{4}{8} - 4\frac{5}{8} =$

   $4\frac{12}{8} - 4\frac{5}{8} = \frac{7}{8}$

8) $8\frac{1}{8} - 6\frac{2}{8} =$

   $7\frac{9}{8} - 6\frac{2}{8} = 1\frac{7}{8}$

9) $10\frac{1}{6} - 5\frac{2}{6} =$

   $9\frac{7}{6} - 5\frac{2}{6} = 4\frac{5}{6}$

10) $7\frac{1}{4} - 3\frac{2}{4} =$

   $6\frac{5}{4} - 3\frac{2}{4} = 3\frac{3}{4}$

11) $4\frac{1}{7} - 2\frac{5}{7} =$

   $3\frac{8}{7} - 2\frac{5}{7} = 1\frac{3}{7}$

12) $4\frac{1}{7} - 2\frac{2}{7} =$

   $3\frac{8}{7} - 2\frac{2}{7} = 1\frac{6}{7}$

13) $7\frac{3}{6} - 6\frac{4}{6} =$

   $6\frac{9}{6} - 6\frac{4}{6} = \frac{5}{6}$

14) $4\frac{1}{4} - \frac{3}{4} =$

   $3\frac{5}{4} - 1\frac{3}{4} = 2\frac{2}{4}$

15) $2\frac{1}{5} - 1\frac{2}{5} =$

16) $5\frac{1}{5} - 3\frac{3}{5} =$

Answer key (47)
1. $\frac{3}{4}$
2. $\frac{2}{3}$
3. $1\frac{5}{8}$
4. $6\frac{3}{6}$
5. $7\frac{2}{3}$
6. $\frac{6}{7}$
7. $\frac{7}{8}$
8. $1\frac{7}{8}$
9. $4\frac{5}{6}$
10. $3\frac{3}{4}$
11. $1\frac{3}{7}$
12. $1\frac{6}{7}$
13. $\frac{5}{6}$
14. $2\frac{2}{4}$
15. $\frac{4}{5}$
16. $1\frac{3}{5}$

48

1) $7\frac{2}{10} - 6\frac{3}{10} =$

   $6\frac{12}{10} - 6\frac{3}{10} = \frac{9}{10}$

2) $2\frac{1}{4} - 1\frac{3}{4} =$

   $1\frac{5}{4} - 1\frac{3}{4} = \frac{2}{4}$

3) $7\frac{1}{6} - 6\frac{2}{6} =$

   $6\frac{7}{6} - 6\frac{2}{6} = \frac{5}{6}$

4) $6\frac{3}{10} - 5\frac{4}{10} =$

   $5\frac{13}{10} - 5\frac{4}{10} = \frac{9}{10}$

5) $2\frac{1}{3} - 1\frac{2}{3} =$

   $1\frac{4}{3} - 1\frac{2}{3} = \frac{2}{3}$

6) $10\frac{5}{9} - 4\frac{7}{9} =$

   $9\frac{14}{9} - 4\frac{7}{9} = 5\frac{7}{9}$

7) $9\frac{1}{8} - 8\frac{2}{8} =$

   $8\frac{9}{8} - 8\frac{2}{8} = \frac{7}{8}$

8) $7\frac{2}{5} - 4\frac{4}{5} =$

   $6\frac{7}{5} - 4\frac{4}{5} = 2\frac{3}{5}$

9) $4\frac{1}{7} - 1\frac{5}{7} =$

   $3\frac{11}{7} - 1\frac{5}{7} = 2\frac{6}{7}$

10) $4\frac{3}{10} - 1\frac{7}{10} =$

   $3\frac{13}{10} - 1\frac{7}{10} = 2\frac{6}{10}$

11) $10\frac{1}{5} - 7\frac{3}{5} =$

   $9\frac{6}{5} - 7\frac{3}{5} = 2\frac{3}{5}$

12) $2\frac{4}{7} - 1\frac{6}{7} =$

   $1\frac{11}{7} - 1\frac{6}{7} = \frac{5}{7}$

13) $5\frac{1}{3} - 4\frac{2}{3} =$

   $4\frac{4}{3} - 4\frac{2}{3} = \frac{2}{3}$

14) $9\frac{2}{5} - 3\frac{3}{5} =$

   $8\frac{7}{5} - 3\frac{3}{5} = 5\frac{4}{5}$

15) $9\frac{1}{3} - 8\frac{2}{3} =$

16) $10\frac{1}{5} - 8\frac{3}{5} =$

Answer key (48)
1. $\frac{9}{10}$
2. $\frac{2}{4}$
3. $\frac{5}{6}$
4. $\frac{9}{10}$
5. $\frac{2}{3}$
6. $5\frac{7}{9}$
7. $\frac{7}{8}$
8. $2\frac{3}{5}$
9. $2\frac{7}{?}$
10. $2\frac{6}{10}$
11. $2\frac{3}{5}$
12. $\frac{5}{7}$
13. $\frac{2}{3}$
14. $5\frac{4}{5}$
15. $\frac{2}{3}$
16. $1\frac{3}{5}$

1) $5\dfrac{1}{5} - 2\dfrac{2}{5} =$
$4\dfrac{6}{5} - 2\dfrac{2}{5} = 2\dfrac{4}{5}$

2) $8\dfrac{1}{5} - 2\dfrac{3}{5} =$
$7\dfrac{6}{5} - 2\dfrac{3}{5} = 5\dfrac{3}{5}$

3) $4\dfrac{1}{5} - 2\dfrac{4}{5} =$
$3\dfrac{6}{5} - 2\dfrac{4}{5} = 1\dfrac{2}{5}$

4) $4\dfrac{1}{8} - 3\dfrac{5}{8} =$
$3\dfrac{9}{8} - 3\dfrac{5}{8} = \dfrac{4}{8}$

5) $7\dfrac{4}{8} - 3\dfrac{7}{8} =$
$6\dfrac{12}{8} - 3\dfrac{7}{8} = 3\dfrac{5}{8}$

6) $6\dfrac{1}{6} - 5\dfrac{4}{6} =$
$5\dfrac{7}{6} - 5\dfrac{4}{6} = \dfrac{3}{6}$

7) $2\dfrac{3}{6} - 1\dfrac{4}{6} =$
$1\dfrac{9}{6} - 1\dfrac{4}{6} = \dfrac{5}{6}$

8) $10\dfrac{1}{6} - 6\dfrac{4}{6} =$
$9\dfrac{7}{6} - 6\dfrac{4}{6} = 3\dfrac{3}{6}$

9) $6\dfrac{1}{3} - 3\dfrac{2}{3} =$
$5\dfrac{4}{3} - 3\dfrac{2}{3} = 2\dfrac{2}{3}$

10) $5\dfrac{1}{5} - 2\dfrac{4}{5} =$
$4\dfrac{6}{5} - 2\dfrac{4}{5} = 2\dfrac{2}{5}$

11) $2\dfrac{2}{4} - 1\dfrac{3}{4} =$
$1\dfrac{6}{4} - 1\dfrac{3}{4} = \dfrac{3}{4}$

12) $10\dfrac{1}{3} - 7\dfrac{2}{3} =$
$9\dfrac{4}{3} - 7\dfrac{2}{3} = 2\dfrac{2}{3}$

13) $2\dfrac{2}{10} - 1\dfrac{4}{10} =$
$1\dfrac{12}{10} - 1\dfrac{4}{10} = \dfrac{8}{10}$

14) $10\dfrac{3}{8} - 7\dfrac{7}{8} =$
$9\dfrac{11}{8} - 7\dfrac{7}{8} = 2\dfrac{4}{8}$

15) $3\dfrac{5}{10} - 2\dfrac{9}{10} =$

16) $7\dfrac{2}{10} - 3\dfrac{9}{10} =$

1. $2\dfrac{4}{5}$
2. $5\dfrac{3}{5}$
3. $1\dfrac{2}{5}$
4. $\dfrac{4}{8}$
5. $3\dfrac{5}{8}$
6. $\dfrac{3}{6}$
7. $\dfrac{5}{6}$
8. $3\dfrac{3}{6}$
9. $2\dfrac{2}{3}$
10. $2\dfrac{2}{5}$
11. $\dfrac{3}{4}$
12. $2\dfrac{2}{3}$
13. $\dfrac{8}{10}$
14. $2\dfrac{4}{8}$
15. $\dfrac{6}{10}$
16. $3\dfrac{3}{10}$

1) $9\dfrac{5}{9} - 4\dfrac{7}{9} =$
$8\dfrac{14}{9} - 4\dfrac{7}{9} = 4\dfrac{7}{9}$

2) $10\dfrac{4}{8} - 1\dfrac{6}{8} =$
$9\dfrac{12}{8} - 1\dfrac{6}{8} = 8\dfrac{6}{8}$

3) $7\dfrac{1}{8} - 2\dfrac{3}{8} =$
$6\dfrac{9}{8} - 2\dfrac{3}{8} = 4\dfrac{6}{8}$

4) $8\dfrac{1}{8} - 1\dfrac{2}{8} =$
$7\dfrac{9}{8} - 1\dfrac{2}{8} = 6\dfrac{7}{8}$

5) $7\dfrac{1}{3} - 6\dfrac{2}{3} =$
$6\dfrac{4}{3} - 6\dfrac{2}{3} = \dfrac{2}{3}$

6) $6\dfrac{2}{8} - 5\dfrac{6}{8} =$
$5\dfrac{10}{8} - 5\dfrac{6}{8} = \dfrac{4}{8}$

7) $7\dfrac{1}{5} - 3\dfrac{3}{5} =$
$6\dfrac{6}{5} - 3\dfrac{3}{5} = 3\dfrac{3}{5}$

8) $3\dfrac{2}{7} - 1\dfrac{3}{7} =$
$2\dfrac{9}{7} - 1\dfrac{3}{7} = 1\dfrac{6}{7}$

9) $8\dfrac{5}{10} - 1\dfrac{9}{10} =$
$7\dfrac{15}{10} - 1\dfrac{9}{10} = 6\dfrac{6}{10}$

10) $6\dfrac{1}{3} - 2\dfrac{2}{3} =$
$5\dfrac{4}{3} - 2\dfrac{2}{3} = 3\dfrac{2}{3}$

11) $3\dfrac{5}{10} - 2\dfrac{6}{10} =$
$2\dfrac{15}{10} - 2\dfrac{6}{10} = \dfrac{9}{10}$

12) $3\dfrac{2}{4} - 2\dfrac{3}{4} =$
$2\dfrac{6}{4} - 2\dfrac{3}{4} = \dfrac{3}{4}$

13) $3\dfrac{2}{5} - 2\dfrac{3}{5} =$
$2\dfrac{7}{5} - 2\dfrac{3}{5} = \dfrac{4}{5}$

14) $10\dfrac{1}{8} - 8\dfrac{2}{8} =$
$9\dfrac{9}{8} - 8\dfrac{2}{8} = 1\dfrac{7}{8}$

15) $2\dfrac{3}{7} - 1\dfrac{5}{7} =$

16) $6\dfrac{1}{8} - 2\dfrac{7}{8} =$

1. $4\dfrac{7}{9}$
2. $8\dfrac{6}{8}$
3. $4\dfrac{6}{8}$
4. $6\dfrac{7}{8}$
5. $\dfrac{2}{3}$
6. $\dfrac{4}{8}$
7. $3\dfrac{3}{5}$
8. $1\dfrac{6}{7}$
9. $6\dfrac{6}{10}$
10. $3\dfrac{2}{3}$
11. $\dfrac{9}{10}$
12. $\dfrac{3}{4}$
13. $\dfrac{4}{5}$
14. $1\dfrac{7}{8}$
15. $\dfrac{5}{7}$
16. $3\dfrac{2}{8}$

Ex) $\dfrac{1}{4} + \dfrac{1}{4}$

1) $\dfrac{1}{6} + \dfrac{1}{6}$

2) $\dfrac{1}{4} + \dfrac{1}{4} + \dfrac{1}{4}$

3) $\dfrac{1}{12} + \dfrac{1}{12} + \dfrac{1}{12}$

4) $\dfrac{1}{8} + \dfrac{1}{8} + \dfrac{1}{8} + \dfrac{1}{8}$

5) $\dfrac{1}{10} + \dfrac{1}{10} + \dfrac{1}{10} + \dfrac{1}{10} + \dfrac{1}{10} + \dfrac{1}{10} + \dfrac{1}{10}$

6) $\dfrac{1}{12} + \dfrac{1}{12} + \dfrac{1}{12} + \dfrac{1}{12}$

7) $\dfrac{1}{8} + \dfrac{1}{8} + \dfrac{1}{8}$

8) $\dfrac{1}{4} + \dfrac{1}{4}$

9) $\dfrac{1}{6} + \dfrac{1}{6} + \dfrac{1}{6} + \dfrac{1}{6}$

10) $\dfrac{1}{3} + \dfrac{1}{3}$

11) $\dfrac{1}{10} + \dfrac{1}{10} + \dfrac{1}{10} + \dfrac{1}{10} + \dfrac{1}{10}$

12) $\dfrac{1}{12} + \dfrac{1}{12} + \dfrac{1}{12} + \dfrac{1}{12} + \dfrac{1}{12} + \dfrac{1}{12}$

13) $\dfrac{1}{10} + \dfrac{1}{10} + \dfrac{1}{10}$

14) $\dfrac{1}{8} + \dfrac{1}{8}$

15) $\dfrac{1}{8} + \dfrac{1}{8} + \dfrac{1}{8} + \dfrac{1}{8} + \dfrac{1}{8} + \dfrac{1}{8} + \dfrac{1}{8}$

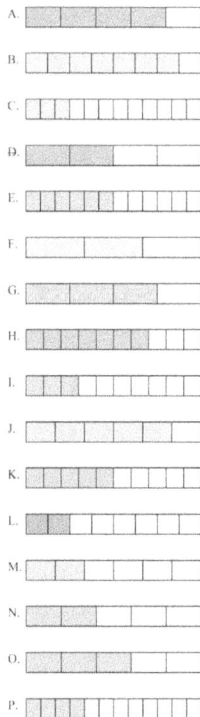

A.
B.
C.
D.
E.
F.
G.
H.
I.
J.
K.
L.
M.
N.
O.
P.

Ex. D $\dfrac{2}{4}$
1. M $\dfrac{2}{6}$
2. G $\dfrac{3}{4}$
3. C $\dfrac{3}{12}$
4. A $\dfrac{4}{8}$
5. H $\dfrac{7}{10}$
6. P $\dfrac{4}{12}$
7. O $\dfrac{3}{8}$
8. N $\dfrac{2}{4}$
9. J $\dfrac{5}{6}$
10. F $\dfrac{2}{3}$
11. K $\dfrac{5}{10}$
12. E $\dfrac{6}{12}$
13. I $\dfrac{3}{10}$
14. L $\dfrac{2}{8}$
15. B $\dfrac{7}{8}$

Ex) $\dfrac{1}{10} + \dfrac{1}{10}$

1) $\dfrac{1}{3} + \dfrac{1}{3}$

2) $\dfrac{1}{4} + \dfrac{1}{4} + \dfrac{1}{4}$

3) $\dfrac{1}{6} + \dfrac{1}{6}$

4) $\dfrac{1}{4} + \dfrac{1}{4} + \dfrac{1}{4}$

5) $\dfrac{1}{10} + \dfrac{1}{10} + \dfrac{1}{10} + \dfrac{1}{10} + \dfrac{1}{10}$

6) $\dfrac{1}{12} + \dfrac{1}{12} + \dfrac{1}{12} + \dfrac{1}{12}$

7) $\dfrac{1}{6} + \dfrac{1}{6} + \dfrac{1}{6} + \dfrac{1}{6}$

8) $\dfrac{1}{12} + \dfrac{1}{12} + \dfrac{1}{12} + \dfrac{1}{12} + \dfrac{1}{12} + \dfrac{1}{12}$

9) $\dfrac{1}{10} + \dfrac{1}{10} + \dfrac{1}{10} + \dfrac{1}{10} + \dfrac{1}{10} + \dfrac{1}{10}$

10) $\dfrac{1}{8} + \dfrac{1}{8} + \dfrac{1}{8} + \dfrac{1}{8} + \dfrac{1}{8}$

11) $\dfrac{1}{12} + \dfrac{1}{12} + \dfrac{1}{12}$

12) $\dfrac{1}{12} + \dfrac{1}{12} + \dfrac{1}{12} + \dfrac{1}{12} + \dfrac{1}{12}$

13) $\dfrac{1}{4} + \dfrac{1}{4}$

14) $\dfrac{1}{4} + \dfrac{1}{4}$

15) $\dfrac{1}{8} + \dfrac{1}{8}$

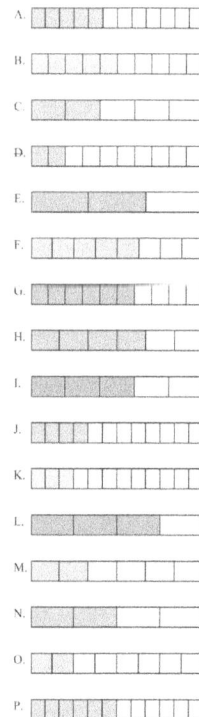

A.
B.
C.
D.
E.
F.
G.
H.
I.
J.
K.
L.
M.
N.
O.
P.

Ex. D $\dfrac{2}{10}$
1. E $\dfrac{2}{3}$
2. I $\dfrac{3}{4}$
3. M $\dfrac{2}{6}$
4. L $\dfrac{3}{4}$
5. B $\dfrac{5}{10}$
6. J $\dfrac{4}{12}$
7. H $\dfrac{4}{6}$
8. P $\dfrac{6}{12}$
9. G $\dfrac{6}{10}$
10. F $\dfrac{5}{8}$
11. K $\dfrac{3}{12}$
12. A $\dfrac{5}{12}$
13. C $\dfrac{2}{5}$
14. N $\dfrac{2}{4}$
15. O $\dfrac{2}{8}$

Ex) $\frac{1}{3} + \frac{1}{3}$

1) $\frac{1}{6} + \frac{1}{6} + \frac{1}{6}$

2) $\frac{1}{8} + \frac{1}{8} + \frac{1}{8} + \frac{1}{8}$

3) $\frac{1}{4} + \frac{1}{4}$

4) $\frac{1}{5} + \frac{1}{5} + \frac{1}{5}$

5) $\frac{1}{4} + \frac{1}{4}$

6) $\frac{1}{12} + \frac{1}{12} + \frac{1}{12} + \frac{1}{12} + \frac{1}{12} + \frac{1}{12} + \frac{1}{12}$

7) $\frac{1}{12} + \frac{1}{12} + \frac{1}{12} + \frac{1}{12} + \frac{1}{12} + \frac{1}{12}$

8) $\frac{1}{6} + \frac{1}{6} + \frac{1}{6} + \frac{1}{6} + \frac{1}{6}$

9) $\frac{1}{4} + \frac{1}{4} + \frac{1}{4}$

10) $\frac{1}{10} + \frac{1}{10} + \frac{1}{10} + \frac{1}{10} + \frac{1}{10} + \frac{1}{10} + \frac{1}{10}$

11) $\frac{1}{8} + \frac{1}{8} + \frac{1}{8} + \frac{1}{8} - \frac{1}{8} + \frac{1}{8} + \frac{1}{8}$

12) $\frac{1}{4} + \frac{1}{8} + \frac{1}{5} + \frac{1}{5}$

13) $\frac{1}{12} + \frac{1}{12} + \frac{1}{12} + \frac{1}{12}$

14) $\frac{1}{12} + \frac{1}{12} + \frac{1}{12}$

15) $\frac{1}{6} + \frac{1}{6} + \frac{1}{6} + \frac{1}{6}$

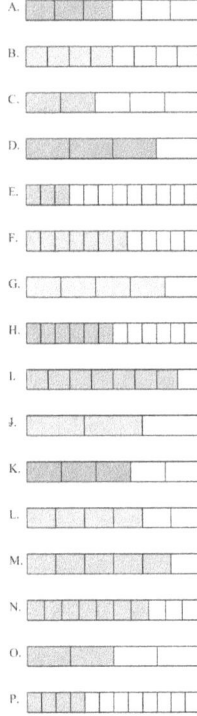

Ex.	J	$\frac{2}{3}$
1.	A	$\frac{3}{6}$
2.	B	$\frac{4}{8}$
3.	O	$\frac{2}{4}$
4.	K	$\frac{3}{5}$
5.	C	$\frac{2}{5}$
6.	F	$\frac{7}{12}$
7.	H	$\frac{6}{12}$
8.	M	$\frac{5}{6}$
9.	D	$\frac{3}{4}$
10.	N	$\frac{7}{10}$
11.	I	$\frac{7}{8}$
12.	G	$\frac{4}{5}$
13.	P	$\frac{4}{12}$
14.	E	$\frac{3}{12}$
15.	L	$\frac{4}{6}$

Ex) $\frac{1}{4} + \frac{1}{4}$

1) $\frac{1}{8} + \frac{1}{8} + \frac{1}{8} + \frac{1}{8} + \frac{1}{8}$

2) $\frac{1}{6} + \frac{1}{6}$

3) $\frac{1}{10} + \frac{1}{10} + \frac{1}{10} + \frac{1}{10} + \frac{1}{10} + \frac{1}{10}$

4) $\frac{1}{8} + \frac{1}{8} + \frac{1}{8} + \frac{1}{8}$

5) $\frac{1}{12} + \frac{1}{12} + \frac{1}{12} + \frac{1}{12} + \frac{1}{12} + \frac{1}{12}$

6) $\frac{1}{10} + \frac{1}{10} + \frac{1}{10} + \frac{1}{10} + \frac{1}{10} + \frac{1}{10} + \frac{1}{10}$

7) $\frac{1}{10} + \frac{1}{10} + \frac{1}{10} + \frac{1}{10} + \frac{1}{10}$

8) $\frac{1}{4} + \frac{1}{4} + \frac{1}{4}$

9) $\frac{1}{5} + \frac{1}{5} + \frac{1}{5}$

10) $\frac{1}{12} + \frac{1}{12} + \frac{1}{12}$

11) $\frac{1}{6} + \frac{1}{6} + \frac{1}{6} + \frac{1}{6} + \frac{1}{6}$

12) $\frac{1}{12} + \frac{1}{12} + \frac{1}{12} + \frac{1}{12} + \frac{1}{12}$

13) $\frac{1}{10} + \frac{1}{10}$

14) $\frac{1}{5} + \frac{1}{5} + \frac{1}{5} + \frac{1}{5}$

15) $\frac{1}{3} + \frac{1}{3}$

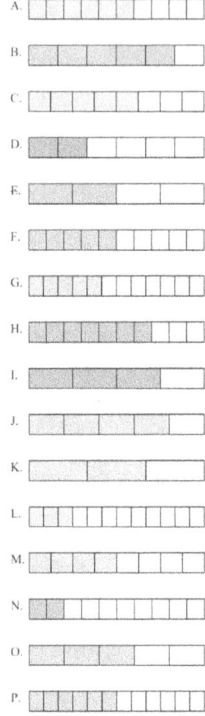

Ex.	E	$\frac{2}{4}$
1.	C	$\frac{5}{8}$
2.	D	$\frac{2}{6}$
3.	A	$\frac{6}{10}$
4.	M	$\frac{4}{8}$
5.	P	$\frac{6}{12}$
6.	H	$\frac{7}{10}$
7.	F	$\frac{5}{10}$
8.	I	$\frac{3}{4}$
9.	O	$\frac{3}{5}$
10.	L	$\frac{3}{12}$
11.	B	$\frac{5}{6}$
12.	G	$\frac{5}{12}$
13.	N	$\frac{2}{10}$
14.	J	$\frac{4}{5}$
15.	K	$\frac{2}{3}$

Ex) $\frac{1}{8} + \frac{1}{8} + \frac{1}{8}$

1) $\frac{1}{5} + \frac{1}{5}$

2) $\frac{1}{4} + \frac{1}{4}$

3) $\frac{1}{12} + \frac{1}{12} + \frac{1}{12}$

4) $\frac{1}{6} + \frac{1}{6} + \frac{1}{6} + \frac{1}{6}$

5) $\frac{1}{10} + \frac{1}{10}$

6) $\frac{1}{12} + \frac{1}{12} + \frac{1}{12} + \frac{1}{12} + \frac{1}{12} + \frac{1}{12}$

7) $\frac{1}{5} + \frac{1}{5} + \frac{1}{5} + \frac{1}{5}$

8) $\frac{1}{3} + \frac{1}{3}$

9) $\frac{1}{12} + \frac{1}{12}$

10) $\frac{1}{10} + \frac{1}{10} + \frac{1}{10} + \frac{1}{10} + \frac{1}{10} + \frac{1}{10}$

11) $\frac{1}{10} + \frac{1}{10} + \frac{1}{10} + \frac{1}{10} + \frac{1}{10}$

12) $\frac{1}{4} + \frac{1}{4} + \frac{1}{4}$

13) $\frac{1}{8} + \frac{1}{8} + \frac{1}{8} + \frac{1}{8}$

14) $\frac{1}{12} + \frac{1}{12} + \frac{1}{12} + \frac{1}{12} + \frac{1}{12}$

15) $\frac{1}{8} + \frac{1}{8} + \frac{1}{8} + \frac{1}{8} + \frac{1}{8} + \frac{1}{8}$

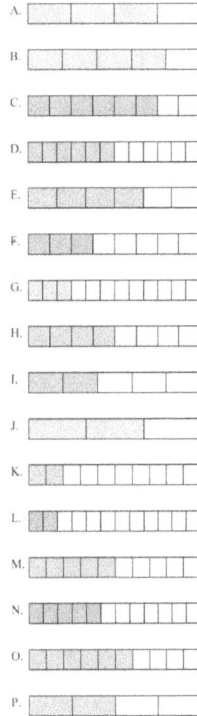

Ex.	F	$\frac{3}{8}$
1.	I	$\frac{2}{5}$
2.	P	$\frac{2}{4}$
3.	G	$\frac{3}{12}$
4.	E	$\frac{4}{6}$
5.	K	$\frac{2}{10}$
6.	D	$\frac{6}{12}$
7.	B	$\frac{4}{5}$
8.	J	$\frac{2}{3}$
9.	L	$\frac{2}{12}$
10.	O	$\frac{6}{10}$
11.	M	$\frac{5}{10}$
12.	A	$\frac{3}{4}$
13.	H	$\frac{4}{8}$
14.	N	$\frac{5}{12}$
15.	C	$\frac{6}{8}$

Ex) $\frac{1}{3} + \frac{1}{3}$

1) $\frac{1}{4} + \frac{1}{4} + \frac{1}{4} + \frac{1}{4}$

2) $\frac{1}{8} + \frac{1}{8} + \frac{1}{8} + \frac{1}{8} + \frac{1}{8} + \frac{1}{8} - \frac{1}{8}$

3) $\frac{1}{8} + \frac{1}{8} + \frac{1}{8} + \frac{1}{8}$

4) $\frac{1}{10} + \frac{1}{10} + \frac{1}{10} + \frac{1}{10} + \frac{1}{10}$

5) $\frac{1}{12} + \frac{1}{12} + \frac{1}{12} + \frac{1}{12} + \frac{1}{12}$

6) $\frac{1}{4} + \frac{1}{4} + \frac{1}{4}$

7) $\frac{1}{10} + \frac{1}{10}$

8) $\frac{1}{6} + \frac{1}{6} + \frac{1}{6} + \frac{1}{6}$

9) $\frac{1}{12} + \frac{1}{12} + \frac{1}{12} + \frac{1}{12} + \frac{1}{12} + \frac{1}{12}$

10) $\frac{1}{10} + \frac{1}{10} + \frac{1}{10}$

11) $\frac{1}{12} + \frac{1}{12} + \frac{1}{12} + \frac{1}{12} + \frac{1}{12} + \frac{1}{12} + \frac{1}{12}$

12) $\frac{1}{10} + \frac{1}{10} + \frac{1}{10} + \frac{1}{10} + \frac{1}{10} + \frac{1}{10} + \frac{1}{10}$

13) $\frac{1}{8} + \frac{1}{8} + \frac{1}{8}$

14) $\frac{1}{5} + \frac{1}{5} + \frac{1}{5}$

15) $\frac{1}{6} + \frac{1}{6} + \frac{1}{6}$

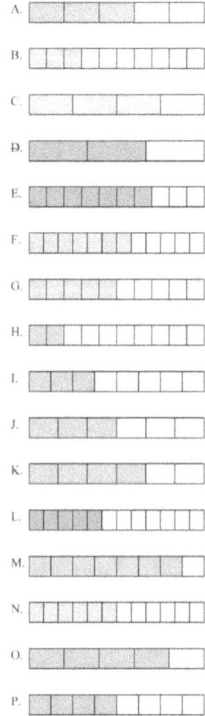

Ex.	D	$\frac{2}{3}$
1.	O	$\frac{4}{4}$
2.	M	$\frac{7}{8}$
3.	P	$\frac{4}{8}$
4.	G	$\frac{5}{10}$
5.	L	$\frac{5}{12}$
6.	C	$\frac{3}{4}$
7.	H	$\frac{2}{10}$
8.	K	$\frac{4}{6}$
9.	N	$\frac{6}{12}$
10.	B	$\frac{3}{10}$
11.	F	$\frac{7}{12}$
12.	E	$\frac{7}{10}$
13.	I	$\frac{3}{8}$
14.	A	$\frac{3}{5}$
15.	J	$\frac{3}{6}$

57

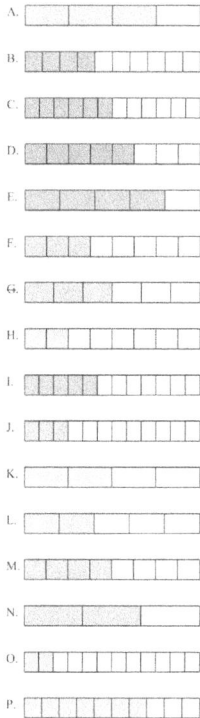

Ex) $\frac{1}{6} + \frac{1}{6} + \frac{1}{6}$

1) $\frac{1}{12} + \frac{1}{12} + \frac{1}{12}$

2) $\frac{1}{3} + \frac{1}{3}$

3) $\frac{1}{8} + \frac{1}{8} + \frac{1}{8} + \frac{1}{8} + \frac{1}{8}$

4) $\frac{1}{12} + \frac{1}{12} + \frac{1}{12} + \frac{1}{12} + \frac{1}{12}$

5) $\frac{1}{6} + \frac{1}{6} + \frac{1}{6}$

6) $\frac{1}{8} + \frac{1}{8} + \frac{1}{8} + \frac{1}{8}$

7) $\frac{1}{4} + \frac{1}{4} + \frac{1}{4}$

8) $\frac{1}{5} + \frac{1}{5} + \frac{1}{5} + \frac{1}{5}$

9) $\frac{1}{2} + \frac{1}{4}$

10) $\frac{1}{10} + \frac{1}{10} + \frac{1}{10} + \frac{1}{10} + \frac{1}{10} + \frac{1}{10} + \frac{1}{10}$

11) $\frac{1}{12} + \frac{1}{12}$

12) $\frac{1}{12} + \frac{1}{12} + \frac{1}{12} + \frac{1}{12} + \frac{1}{12} + \frac{1}{12}$

13) $\frac{1}{8} + \frac{1}{8}$

14) $\frac{1}{10} + \frac{1}{10} + \frac{1}{10} + \frac{1}{10}$

15) $\frac{1}{3} + \frac{1}{3}$

Ex.	G $\frac{3}{6}$
1.	J $\frac{3}{12}$
2.	N $\frac{2}{3}$
3.	D $\frac{5}{8}$
4.	I $\frac{5}{12}$
5.	F $\frac{3}{8}$
6.	M $\frac{4}{8}$
7.	A $\frac{3}{4}$
8.	F $\frac{4}{5}$
9.	K $\frac{3}{4}$
10.	P $\frac{7}{10}$
11.	O $\frac{2}{12}$
12.	C $\frac{6}{12}$
13.	H $\frac{2}{8}$
14.	B $\frac{4}{10}$
15.	L $\frac{2}{3}$

58

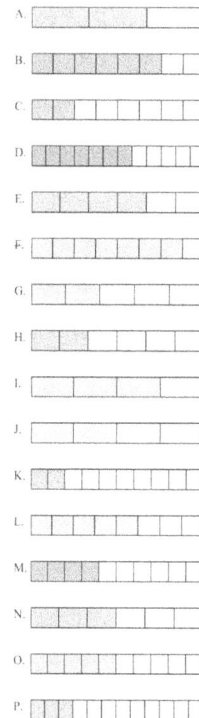

Ex) $\frac{1}{8} + \frac{1}{8} + \frac{1}{8} + \frac{1}{8} - \frac{1}{8} + \frac{1}{8} - \frac{1}{8}$

1) $\frac{1}{6} + \frac{1}{6}$

2) $\frac{1}{2} + \frac{1}{6}$

3) $\frac{1}{3} + \frac{1}{3}$

4) $\frac{1}{4} + \frac{1}{4}$

5) $\frac{1}{4} + \frac{1}{4} + \frac{1}{4}$

6) $\frac{1}{10} + \frac{1}{10} + \frac{1}{10} + \frac{1}{10} + \frac{1}{10}$

7) $\frac{1}{4} + \frac{1}{8}$

8) $\frac{1}{8} + \frac{1}{8} + \frac{1}{8} + \frac{1}{8} - \frac{1}{8} + \frac{1}{8}$

9) $\frac{1}{12} + \frac{1}{12} + \frac{1}{12} + \frac{1}{12} + \frac{1}{12} + \frac{1}{12} + \frac{1}{12}$

10) $\frac{1}{8} + \frac{1}{8} + \frac{1}{8} + \frac{1}{8} + \frac{1}{8}$

11) $\frac{1}{6} + \frac{1}{6} + \frac{1}{6}$

12) $\frac{1}{6} + \frac{1}{6} + \frac{1}{6} + \frac{1}{6}$

13) $\frac{1}{10} + \frac{1}{10}$

14) $\frac{1}{10} + \frac{1}{10} + \frac{1}{10} + \frac{1}{10}$

15) $\frac{1}{12} + \frac{1}{12} + \frac{1}{12}$

Ex.	F $\frac{7}{8}$
1.	H $\frac{2}{6}$
2.	G $\frac{2}{3}$
3.	A $\frac{2}{3}$
4.	J $\frac{2}{4}$
5.	I $\frac{3}{4}$
6.	O $\frac{5}{10}$
7.	C $\frac{3}{8}$
8.	B $\frac{6}{8}$
9.	D $\frac{7}{12}$
10.	L $\frac{5}{8}$
11.	N $\frac{3}{6}$
12.	E $\frac{4}{6}$
13.	K $\frac{2}{10}$
14.	M $\frac{4}{10}$
15.	P $\frac{3}{12}$

59

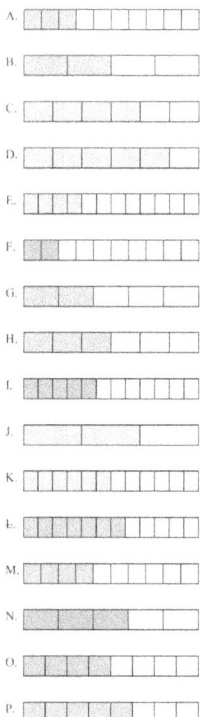

Ex) $\frac{1}{12} + \frac{1}{12} + \frac{1}{12} + \frac{1}{12} + \frac{1}{12} + \frac{1}{12} + \frac{1}{12}$

1) $\frac{1}{12} + \frac{1}{12} + \frac{1}{12} + \frac{1}{12} + \frac{1}{12} + \frac{1}{12}$

2) $\frac{1}{12} + \frac{1}{12} + \frac{1}{12} + \frac{1}{12} + \frac{1}{12}$

3) $\frac{1}{8} + \frac{1}{8} + \frac{1}{8} + \frac{1}{8} + \frac{1}{8}$

4) $\frac{1}{3} + \frac{1}{3}$

5) $\frac{1}{12} + \frac{1}{12} + \frac{1}{12} + \frac{1}{12}$

6) $\frac{1}{3} + \frac{1}{3} + \frac{1}{3}$

7) $\frac{1}{5} + \frac{1}{5}$

8) $\frac{1}{6} + \frac{1}{6} + \frac{1}{6} + \frac{1}{6} + \frac{1}{6}$

9) $\frac{1}{6} + \frac{1}{6} + \frac{1}{6} + \frac{1}{6}$

10) $\frac{1}{6} + \frac{1}{6} - \frac{1}{6}$

11) $\frac{1}{4} + \frac{1}{4} + \frac{1}{4} + \frac{1}{4}$

12) $\frac{1}{10} + \frac{1}{10} + \frac{1}{10}$

13) $\frac{1}{10} + \frac{1}{10} + \frac{1}{10} + \frac{1}{10}$

14) $\frac{1}{10} + \frac{1}{10}$

15) $\frac{1}{4} + \frac{1}{4}$

Ex.	I $\frac{7}{12}$
1.	K $\frac{6}{12}$
2.	I $\frac{5}{12}$
3.	P $\frac{5}{8}$
4.	J $\frac{2}{3}$
5.	E $\frac{4}{12}$
6.	N $\frac{3}{3}$
7.	G $\frac{2}{5}$
8.	D $\frac{5}{6}$
9.	C $\frac{4}{6}$
10.	H $\frac{3}{6}$
11.	O $\frac{4}{8}$
12.	A $\frac{3}{10}$
13.	M $\frac{4}{10}$
14.	F $\frac{2}{10}$
15.	B $\frac{2}{4}$

60

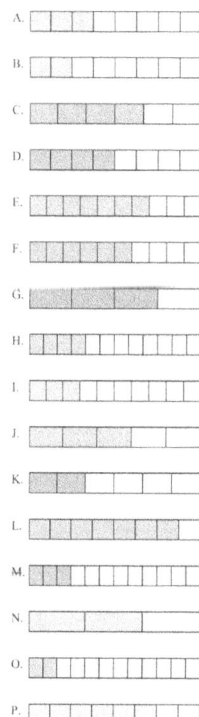

Ex) $\frac{1}{12} + \frac{1}{12} + \frac{1}{12}$

1) $\frac{1}{10} + \frac{1}{10} + \frac{1}{10} + \frac{1}{10} + \frac{1}{10} + \frac{1}{10}$

2) $\frac{1}{6} + \frac{1}{6} + \frac{1}{6} + \frac{1}{6}$

3) $\frac{1}{8} + \frac{1}{8} + \frac{1}{8} + \frac{1}{8}$

4) $\frac{1}{10} + \frac{1}{10} + \frac{1}{10}$

5) $\frac{1}{3} + \frac{1}{3}$

6) $\frac{1}{4} + \frac{1}{4} + \frac{1}{4}$

7) $\frac{1}{8} + \frac{1}{8} + \frac{1}{8} + \frac{1}{8} + \frac{1}{8} + \frac{1}{8}$

8) $\frac{1}{3} + \frac{1}{3} + \frac{1}{3}$

9) $\frac{1}{6} + \frac{1}{6}$

10) $\frac{1}{10} + \frac{1}{10} + \frac{1}{10} + \frac{1}{10} + \frac{1}{10} + \frac{1}{10} + \frac{1}{10}$

11) $\frac{1}{8} + \frac{1}{8} + \frac{1}{8} + \frac{1}{8} + \frac{1}{8} + \frac{1}{8} + \frac{1}{8}$

12) $\frac{1}{12} + \frac{1}{12} + \frac{1}{12} + \frac{1}{12}$

13) $\frac{1}{8} + \frac{1}{8}$

14) $\frac{1}{12} + \frac{1}{12}$

15) $\frac{1}{8} + \frac{1}{8} + \frac{1}{8}$

Ex.	M $\frac{3}{12}$
1.	F $\frac{6}{10}$
2.	C $\frac{4}{6}$
3.	D $\frac{4}{8}$
4.	I $\frac{3}{10}$
5.	N $\frac{2}{3}$
6.	G $\frac{3}{4}$
7.	P $\frac{6}{8}$
8.	J $\frac{3}{3}$
9.	K $\frac{2}{6}$
10.	E $\frac{7}{10}$
11.	L $\frac{7}{8}$
12.	H $\frac{4}{12}$
13.	B $\frac{2}{8}$
14.	O $\frac{2}{12}$
15.	A $\frac{3}{8}$

www.ingramcontent.com/pod-product-compliance
Lightning Source LLC
LaVergne TN
LVHW081336060426
835513LV00014B/1308